항만하역
고용형태의 변천

신분제, 위계적 권위 그리고 계약

인천학연구총서 45

항만하역
고용형태의 변천

신분제, 위계적 권위 그리고 계약

옥동석

보고사
BOGOSA

    개인들이 자신의 삶에 안분지족할 수 있도록 도덕적 심성을 함양하는 일은 그 자신의 개인적인 일이다. 그러나 개인들로 구성된 사회집단은 인간의 보편적인 삶을 개인들이 영위할 수 있도록 여러 가지 조건들을 충족시켜야 한다. 사회집단 구성의 궁극적 원리는 개인들이 인간의 보편적인 삶을 누릴 수 있도록 개인들의 여러 가지 활동들을 어떻게 조직할 것인가를 해결하는 것이다. 인류의 전체 역사를 통람할 때 여기에는 하나의 분명한 원리가 드러나고 있는데, 많은 학자들은 ─특히 경제학자들은─ 이를 단 하나의 용어로 압축하여 '시장경제의 발전'이라고 한다.

    시장경제에 대해서는 이와 같은 찬사의 목소리가 있는 반면, 비판의 목소리도 끊임없이 제기되며 사람들의 마음을 사로잡고 있다. 시장은 개인들의 이기심을 끝없이 조장하여 자신의 탐욕을 위해 타인의 어떠한 피해에 대해서도 무관심한 개인들을 만들어낸다. 부익부 빈익빈의 사회적 결과, 그리고 여기에 무관심한 탐욕스런 인간들은 결국 사회 구성원 모두를 공멸시킬 것이다. 우리가 시장경제의 확대를 어떻게 저지하느냐에 따라 인류의 번영을 기약할 수 있다.

    본 연구는 우리나라 항만하역 노무형태가 전근대적인 조선시대로부터 현재에 이르기까지 어떻게 발전하였는지를 조명하며 과연 시장경제의 발전이 무엇을 의미하는지 생각해보기로 한다. 본 연구의 목적은 전근대의 시대에 가장 열악한 조건에서 삶을 영위하였던 천역(賤役)의 상민(常民)노동자들이 근대화의 과정 속에서 보편적인 삶의 조건을 어떻게 쟁취해왔는지 살펴보는 것이다. 그리고 그 쟁취의 과정은 시장경제의 발전과 궤를 같이하는 것임을 강조하며 앞으로의 방향 역시 이러한 궤적을 벗어나지 못할 것임을 강조하고 싶었다.

시장경제의 발전을 몇 개의 단어로 정리한다면, 그것은 아담스미스가 1776년의 국부론(國富論)에서 지적한 내용과 같다. 그것은 사회 전반에 걸쳐 분업 - 전문화 - 교환을 심화시켜 노동생산성을 향상시키는 것이다. 개인들의 활동을 분화하는 분업들이 촉진되면, 사람들은 분업의 내용에 전문화함으로써 생산성을 증가시킬 것이다. 생산성의 증가란 재화와 서비스의 물량과 품질이 증가하는 것을 의미하는데, 사람들은 이들을 교환하면서 보편적인 생활수준을 향상시킬 수 있다.

그런데 활동과 과업의 분리, 분화 또는 분업을 심화하는 과정에서는 필연적으로 이들을 조정하는 기능을 필요로 한다. 분업들의 조정기능이 원활하면 전문화와 교환은 생산성 증대를 가져오지만 그렇지 않다면 분업이 파멸적인 결과를 초래하기도 한다. 새로운 분업에는 새로운 조정기능이 필요한데 그 수단은 현실적으로 매우 다양하게 존재한다. 본 연구는 하역노무의 조정기능이 전근대적 신분제(개항 이전의 중세사회), 중간관리적 십장제(개항에서 일제 강점기), 정치적 노동조합의 권위(한국전쟁 이후 4 · 19혁명까지), 산업적 노동조합의 권위(1960~70년대의 경제개발과정), 대규모 장치기업의 권위(1970~1980년대), 자유로운 고용계약(1990~2000년대) 등으로 전환하고 있음을 밝히고자 한다. 그럼으로써 그 조정수단

의 변천은 위계적 권위에서 자율적 고용계약으로의 전환임을 강조하고
자 하였다.

시장경제의 진전을 의미하는 분업 - 전문화 - 교환의 발전과정은 개인
들의 활동을 표준화(standardisation)하고, 그 표준을 모듈 형태로 점차 분
리화(separability)하며, 그 내용을 공식 문서로 명시하는 계약화(contracting)
를 통해, 다수 사람들의 경쟁화(competition)를 도모하는 일련의 과정이다.
이들 과정은 점진적인 진화의 과정 속에서 형성되기에 여러 사람들의
지식과 지혜 그리고 시행착오의 경험들을 담고 있다. 시장경제의 발전은
바로 이러한 방향으로 수많은 사람들의 노력들이 모어지는 진화의 과정
을 의미한다.

시장경제 발전의 첫 발동은 활동 및 과업들의 표준화에서 나타난다.
그리고 한 사회가 어떠한 표준을 선택할 것인지는 그의 총비용에 달려
있다. 여기서 총비용은 표준적인 활동이나 과업을 수행하는데 소요되는
생산비용, 그리고 생산된 재화나 서비스를 ─ 활동이나 과업의 또 다른
표현 ─ 교환하는데 드는 거래비용의 합계이다. 따라서 표준화는 생산비
용과 거래비용을 합한 총비용을 극소화하는 방향으로 진화하며, 또 시
장경제가 발전하기 위해서는 총비용의 극소화를 위한 표준화가 원활하
게 이루어질 수 있도록 사회적 환경과 문화가 조성되어야 한다.

표준화를 위한 사회적 환경과 문화를 형성하는 데에서 가장 결정적인
요소 중 하나는 그 사회의 법률체계이다. 한 사회의 법률체계가 총비용
의 극소화를 추구할 수 있도록 개인들의 유인구조를 형성하고 있을 때
비로소 시장경제는 발전할 수 있다. 본 연구는 항만하역노동이 시대적
으로 어떻게 변천하였는지 설명하기 위하여 당시의 사회적 환경과 노동
관련 법률을 같이 검토하였다. 노동법률 체계는 노동에 대한 사회적 표

준을 —곧 노동의 상품화인데, 이는 노동과 여가의 분화를 촉진— 제시하는데, 그 내용과 수준의 변화가 하역근로자들의 고용형태를 좌우하고 있다. 시장경제 발전에 필요한 노동법 체계의 발전 방향에 대한 시사점도 바로 여기에서 얻을 수 있을 것이다.

시장경제 발전이라는 거대한 담론을 하역노무 고용형태라는 미시적 주제를 통해 풀어내보겠다는 야심찬 목표가 본 연구에서 충분히 달성되었는지, 아직 나 스스로는 부족한 점을 많이 느끼고 있다. 그러나 이러한 미시적 주제를 통해 거대한 담론에 이를 수 있다는 나의 학문적 신념은 어쩌면 결코 변화하지 않을 것 같다. 비록 본 연구에서 부족한 점들이 많이 남아 있지만 나는 이 작업이 필생의 역작으로 남을 수 있도록 끊임없는 보완작업에 심혈을 기울이고 싶다.

이 멋진 주제를 접할 수 있도록 계기를 마련해 주었던 '인천광역시 물류연구회'와 2018년 당시 회장이었던 안승범 교수(인천대학교 물류대학원), 그리고 2019년에 이 주제에 대한 연구를 심화할 수 있도록 기회를 제공해준 '인천학연구원'과 관련 임직원들을 대표하여 원장 조봉래 교수(인천대학교 중어중문학과)에게 깊은 감사의 뜻을 남기고 싶다. 마감시한이 있는 모든 작업에서 그러하듯이, 본 연구의 미비한 점들 그리고 의도하지 않았던 실수들에 대해서는 독자들의 너그러운 마음을 기대하며, 강호제현(江湖諸賢)의 아낌없는 고견들을 부탁드린다.

2020년 2월 인천대학교 14호관 520호 연구실에서

저자 옥동석

Ⅰ. 머리말

　조선 후기 이양선이 출몰할 때 인천에는 제물진이라는 해양방어사령부가 설치되어 국방의 중심 기능을 담당하였다. 1876년 강화도 조약이 체결되며 인천은 수도권의 상업적 관문으로서 1883년에 개항되었는데 이후 국제항구도시로 급속하게 변모하였다. 한적한 어촌이었던 인천에 여러 나라의 조계지가 설치되고 일본과 청국, 유럽의 여러 상사와 상인들이 경쟁적으로 무역과 상업활동을 전개하였다. 경제적 활동이 이 지역에 집중되면서 인천이라는 도시는 우리나라가 선진적인 문물을 받아들이고 근대화를 위한 첨단기지로서의 역할을 담당하게 되었다.

　개항 이후 10여 년간 인천항은 우리나라 무역총액의 약 50%를 담당하는 국제항으로 급성장하며 국제항로뿐만 아니라 연안항로도 활발하게 개설되었다.[1] 특히 1899년 경인철도가 개통되면서 내륙운송도 비약적으로 증가하여 인천항에서는 수출입화물뿐만 아니라 철도와 연안항로를 통한 내륙운송도 활발하게 이루어졌다. 이처럼 국제해운과 내륙운송이 급속도로 증가하며 인천에는 화물운송을 담당하는 부두노동자 또는 하역노동자들에 대한 수요도 급증하였다.

---

1)　인천항만공사(2008), p.183 참조.

하역노동자들은 단시간에 고된 작업을 완수해야 하는 육체노동자들
이었다. 위험이 가득한 거친 바다를 상대로 선박에 실려온 무겁고 큰
화물들을 아무런 하역장비 없이 오직 몸으로만 옮기고 날랐다. 화물의
규모가 엄청나고 무거웠기에 고된 노동으로서 튼튼한 몸이 없이는 일을
하기 어려웠다. 하역노무는 특별한 교육훈련이 필요한 일이 아니었으며
힘든 육체적인 작업을 통해 숙련도를 쌓아가는 일이었다. 이들에게 몸
은 삶의 밑천이었고, 기계화 작업이 이루어지기 이전까지 어깨메기, 지
게메기, 목도작업 등 중노동을 감수하였다.

개항이전 조선시대에도 하역노동의 확보는 국가재정 운용에서 매우
중요한 과제였다. 조선시대의 전근대적 국가에서는 화폐경제가 발달하
지 않아 쌀과 같은 현물의 납세가 매우 중요하였는데, 이들을 지방에서
중앙으로 운송하는 대표적인 수단이 연안해운으로서 조운(漕運)이라고
하였다. 조운에 동원되는 노동은 병역 의무의 일환이었기에 조군(漕軍)
으로 불리었는데, 그 노동이 너무도 가혹하여 조선 전기에는 신량역천
(身良役賤)의 신분제를 통해 조군을 확보하였다.

조선말기 고용노동의 형태가 등장하며 신분제가 붕괴되기 시작하였
는데, 개항 이후 일제 식민지를 거치면서 하역노무자들은 근대적인 임
금노동자의 형태를 본격적으로 띠었다. 하역노무는 정해진 화물의 하역
을 개별적인 노동이 아니라 20명 내외가 집단으로 완수하는 협동작업이
었다. 단위 작업들을 통솔하는 십장(什長), 십장들의 집단을 대표하는 조
장(組長) 등이 노동을 조직하였다. 임시노무자들이 부두 근처에 모이면
십장들이 선발하여 노무를 조직하였다. 이들은 조장의 지휘에 따라 합
숙생활을 하며 주종적인 신분관계 하에서 작업을 하였기에 그들의 인간

관계는 오랫동안 봉건적 관계의 유습(遺習)에서 벗어나지 못하였다. 식민지라는 강압적 통치질서 속에서 명령과 복종의 봉건적 관계가 그 형태를 달리 하였을 뿐 십장제를 통해 그대로 유지되었던 것이다.

항만노동자들은 주종적인 신분관계의 유습 하에서 빈곤한 내핍생활을 하다보니 그들 스스로 생활을 보장받고자 조직적으로 강력하게 단결하기 시작하였다. 각종 노동단체들이 조직되며 이들 사이에서 크고 작은 노동쟁의들이 산발적으로 발생하였다. 점차 조장과 노무자들의 봉건적 관계는 상부상조의 인간적 신뢰로 발전하면서 근대적인 노동조합의 형태를 띠기 시작하였다. 특히 노동조합은 식민지에 대한 저항운동의 구심점이 될 수 있었기에 정치적 결사의 의미도 동시에 가졌다.

하역노무자들이 노동조합이라는 조직적 형태를 띠면서 동맹파업이라는 수단을 통해 자신들의 요구를 관철할 수 있게 되었다. 인천항 최초의 파업은 1919년 1월에 있었는데, 하역노무자들은 임금 인상을 요구하여 그들의 요구를 일부 관철시킬 수 있었다.[2] 1930년대 말까지 하역노무자들의 파업은 간헐적으로 계속되었으나 1940년대 일제가 전쟁체제로 돌입하면서 노동조합을 가혹하게 탄압하기 시작하였다. 국가총동원법에 따라 파업의 주동자들을 구속하고 탄압하였기에 항만노동자들의 요구는 거의 받아들여지지 않았다.

하역노무자들의 파업을 통한 요구사항 관철 여부는 정부가 노동조합에 어떤 태도를 취하느냐에 따라 다를 것이다. 1945년 해방 이후 미군정은 일제 하의 억압적 제도를 탈피하고 노동자들을 보호하는 근대적 고용관계를 중시하면서 노동조합과 노동쟁의가 급격하게 증가하였다. 그

---

2) 인천항만공사(2008), p.280 참조.

러나 해방정국에서 좌우의 이념적 대립이 격화하면서 노동운동은 정치적 성격을 띠게 되었다. 정치적 성격은 한국전쟁이 끝날 무렵인 1953년에 노동관계법이 제정 정비된 이후에도 더욱 심각하게 나타났는데, 좌우의 이념대립에서는 벗어났으나 정치인들과 밀착한 노조간부들의 권력다툼적 성격이 더욱 강해졌다. 이러한 정치적 성격은 1960년의 4·19 혁명, 1961년의 5·16 군사정변을 거치며 크게 완화되기 시작하였다.

우리나라는 1948년에 독립하였으나 근대적인 정부행정체제의 경험이 역사적으로 전무하였기에, 근대적인 법률을 정비하고 집행하는 체제는 사실상 1960년대 이후에 구축되기 시작하였다. 이 시기에 경제개발을 시작하면서 사회 전반에 걸쳐 산업적 활동들이 발전하면서 여러 가지 노동정책들이 본격적으로 법률의 테두리 내에서 집행되기 시작하였다. 노동관계법령의 제개정 과정에서 하역노무 노동조합에 근로자공급사업이 허용되어 현실적인 관행에 합법적인 위상을 부여하였다. 이후에는 하역노무자들의 열악한 사정들을 개선하기 위한 여러 가지 노사간 쟁점들이 등장하였다. 이들은 우리 사회의 기본적인 근로조건들이 점진적으로 개선되면서 하역노무의 노동조합 위상이 변화함에 따른 것이라 할 수 있다.

1970년대 중반까지는 하역노동자들에 대한 수요가 인근 농촌지역의 과잉노동력이 유입되며 해결되었다. 하역노무에 대한 수요는 일시적 계절적 형태를 띠어 작업일수가 불규칙하였기에 그들의 수입 또한 매우 불규칙적이었다. 숙련된 기능을 필요로 하는 작업이 아니었기 때문에 다른 분야의 노동자들에 비해 그 임금 수준도 훨씬 낮았다. 또한 노무동원을 통솔하고 관리하는 조장들이 하역노무의 대가를 일괄 수령하여 임의로 노무자들에게 임금을 결정 지불하는 방식이었다. 그러다보니 노무자들은 자신들이 수령하는 임금에 불만을 가지는 경우가 많았고 이러한 갈등은 항만 내에서 사회불안 문제를 야기하기도 하였다.

1970년대 이후 고도성장의 경제개발과 함께 우리나라의 수출입 화물 물동량은 급증하였다. 노동정책과 관련되는 각종 법령의 제·개정뿐만 아니라 항만하역작업의 기계화, 컨테이너화가 급속도로 진전되면서 항만하역의 고용관계에도 많은 영향을 주기 시작하였다. 특히 1990년대에는 우리나라가 물류산업 육성을 통해 지정학적 위치를 적극 활용하여 물류거점국가로 도약해야 한다는 논의가 공감대를 형성하면서 항만하역산업의 구조에도 큰 변화가 나타났다. 이러한 인식을 통해 항만하역산업은 거대기계를 활용하는 장치산업으로 변화하였는데, 이러한 과정속에서 하역노무의 성격은 육체적 단순작업에서 기능적 전문작업으로 변화하기 시작하였다. 하역산업에서 기계화를 통한 규모의 경제가 명확하게 드러나면서 이를 산업적으로 수용하기 위한 변화가 나타났다.

본 연구는 우리나라 항만하역 노동관계의 변천을 시대별로 정리하면서 그 변천의 방향을 조명해보고자 한다. 이는 자본주의적 시장경제의 발전이 무엇을 의미하는지, 그리고 그 발전의 과정 속에서 하역노무의 형태 또한 어떻게 변화하였는지를 살펴보는 것이다. 본 연구는 인천항을 중심으로 연구를 시작하였으나 시대별로 하역노무의 형태가 어떻게 진화하였는가를 살펴보기 위해서는 연구의 범위를 전국의 항만을 대상으로 할 수밖에 없었다. 따라서 본 연구의 공간적 범위는 인천항에 국한하지 않고 우리나라 항만 전체를 대상으로 한다.

본 연구의 기본적인 관점은 거래비용을 강조하는 신제도주의 학파의 경제이론에 있다. 노벨경제학상을 수상한 코즈(Ronal H. Coase), 노스(Douglass North), 오스트롬(Elinor Ostrom), 윌리엄슨(Oliver Williamson),

올리버 하트(Oliver Hart), 벵트 홀름스트룀((Bengt Robert Holmström)으로 이어지는 거래비용 경제학은 분업에 따른 각종 거래에서 수반되는 거래비용을 강조한다. 거래비용이 하락할 때 시장의 거래가 활성화하면서 경제사회의 구조도 발전한다. 따라서 경제사회구조의 변화 중 상당 부분은 이러한 거래비용의 절감으로 설명될 수 있는데, 본 연구에서는 하역노무의 고용관계 변천의 과정을 이러한 접근으로 이해하는 것이 얼마나 유용한 것인가를 보이고자 한다.

본 연구의 관점에 의하면, 시장경제의 발전은 노동의 분업과 전문화를 심화시키는 것인데 여기에는 일정한 패턴이 있음을 강조하고자 한다. 거래비용을 절감하기 위해서는 ① 각종 업무의 내용이 정형화, 표준화되어야 하고, ② 정형화·표준화된 업무는 분리화, 계약화를 통해 분업이 강화될 수 있으며, ③ 분리화·계약화를 통한 분업이 보다 빈번하게 이루어지면 경쟁의 도입이 가능하게 된다. 즉 표준화, 분리화, 계약화, 경쟁화의 과정을 우리는 시장경제의 발전이라고 부를 수 있다. 물론 이 과정에서는 정부가 정책목표를 달성하고자 개입할 수 있는데, 거래비용 경제학의 관점에 의하면 정부는 개별 분업의 가격이 아니라 내용에 대해 사회적 표준을 제시하고 그 표준의 준수를 법적으로 강행하는 형태가 되어야 할 것이다.

하역노무에서도 표준화, 분리화, 계약화, 경쟁화를 통한 시장경제의 발전이 보다 분명한 형태로 나타난다. 시장경제의 발전을 위해서는 시장을 통한 거래비용을 감축해야 하는데, 그 발전의 과정이 하역노무에서는 신분, 권위, 계약의 형태로 발전한다는 것을 파악할 수 있다. 하역노무의 고된 일이 전근대적 시기에는 신분제로 해결되었지만, 점차 만민평등(萬民平等)의 근대적 질서가 자리를 잡으면서 공권력의 권위와 정치적 조직(클로즈드샵의 노동조합)의 권위에 의존하는 방법으로 문제가 해결될 수 있었다. 그러나 항만하역이 대규모 기계설비를 필요로 하는 장치산업으로 변모하면서 정치적 권위를 통한 문제해결이 한계에 부딪히고 점차 경제적으로 자율적인 계약(고용계약)의 형태가 중시되는 것이다.

제Ⅱ장에서는 시장경제의 발전은 신분제에서 위계조직의 권위, 그리고 계약의 형태로 발전한다는 사실에 있다는 것을 설명할 것이다. 여기서는 거래비용의 경제학을 설명하고 이의 노동시장에서의 적용을 소개하며 시장경제의 발전과정을 개념적으로 정리할 것이다. 제Ⅲ장에서는 항만하역산업과 하역노무를 일반적으로 설명할 것인데, 그 내용은 제Ⅳ장의 시대별 변천과정에 대한 이해를 돕기 위한 것이다. 즉 항만하역산업의 변천, 하역노무의 경제적 성격과 법적 성격을 소개하는 것이다. 이들 내용을 미리 파악할 때 그 다음의 제Ⅳ장을 보다 수월하게 이해할 수 있을 것이다.

제Ⅳ장에서는 하역노무의 역사적 변천과정을 주요 사건들을 중심으로 시대를 구분하며 조명하게 될 것이다. 고려, 조선을 거쳐 개항 이전의 시기는 '세습적 신분제도의 채택과 붕괴'로 설명될 수 있다. 화폐경제가 발전하지 않았던 시기에 세곡(稅穀)은 국가재정의 핵심이었는데, 이를 위한 조운제도에서 하역노무자가 어떻게 세습신분으로 바뀌었는지를 살펴볼 것이다. 개항에서 일제강점기까지의 기간은 '봉건적 유습하의 약탈적 항만하역'으로 특징지울 수 있다. 개항 이후 하역노무는 고용제로 변화하였지만 개인들 사이의 관계는 여전히 신분제적 주종관계를 유지하였고 또 당시 일제는 노동자들의 권익보다는 정치적 수탈을 목표로 하였기에 경제적으로 약탈적 성격을 띨 수밖에 없었음을 알 수 있다.

1945년 해방 이후에도 약탈적 항만하역은 계속되는데, 이 당시에는 노조운동이 합법적으로 인정되었으나 정치적 혼란으로 인하여 노조운동이 그 본연의 목적에 충실하지 못하고 정치투쟁의 장이 되었기 때문이다. 그러나 이러한 혼란 속에서도 노조는 '클로즈드샵'이라는 노조형태를 쟁취하며 노동자들의 권익을 보호하고자 하였다. 클로즈드샵은 하주와 노조 사이에 쌍방독점의 관계가 형성되었음을 의미하는데, 이는 노동관계법이 전혀 없는 상태에서 자연적으로 형성되어 이후 관례로 고착되어 왔다.

1953년 한국전쟁이 끝날 무렵 노동관계법령이 제정되면서 정부의 권위에 의해 노동자들을 보호하려는 시도가 있었다. 그러나 이 때에는 수많은 단위노조 중심의 경쟁이 격렬하게 나타나 노동자들 사이의 권력다툼이 첨예하게 나타났다. 법률에 의한 권위가 요구되었지만 여전히 노동행정의 법집행 체제가 미비하여 이상과 현실에는 상당한 괴리가 있었던 것이다. 여전히 정치적 불안정으로 인하여 노조는 정치적 야심가들에 의한 입신양명의 통로로 이용되었다. 이러한 현상은 1960년의 4·19혁명, 1961년의 5·16 군사정변의 과정 속에서 호된 처벌을 받으며 퇴색되기에 이르렀다.

1960~70년대 경제개발이 고도로 이루어지던 시기에는 전국적인 단일노조가 다시 형성되었고 또 이들에게 독점적 근로자공급권을 법적으로 보장함으로써 하역노무가 비교적 안정적으로 이루어졌다고 할 수 있다. 이 시기에는 근로자공급사업 사업주로서 노조의 권위에 의존하여 노동질서가 구축되는 시기라 할 수 있을 것이다. 그러나 1970년대에 들어와 항만기술의 기계화와 함께 컨테이너가 도입 확산되면서 항만산업은 이전의 노동집약적 산업에서 대규모 자본설비가 필요한 장치산업으로 변환하였다. 이 과정에서 임시직으로 운영되던 하역노무가 하역기업

에 고용되는 상용직으로 전환되는 기회가 확대되었다. 이는 노조의 권위에서 항만하역기업의 권위라고 하는 새로운 형태의 산업활동적 권위에 의해 노동자들이 보호를 받기 시작하였다고 할 수 있다.

기계화, 컨테이너화는 항만하역산업의 구조 역시 혁명적으로 변화시키기 시작하였다. 지정하역제, 부두운영회사, 항만에 대한 민간투자사업 등 산업구조의 변화가 보편적으로 수용되면서 노동자에 대한 보호기능은 산업적 활동의 민간기업 권위에 의존하는 경향이 더욱 심화되었다. 1990년대 이후에는 항만에서의 모든 활동들이 단일의 기업체 내에서 이루어지는 일관작업이 가능해짐으로써 상용화의 과정은 더욱 심화되었다. 이 과정에서 점차 클로즈드샵 노동조합에 대한 부정적 인식이 등장하기 시작하였다. 제Ⅳ장의 마지막 절에서는 노동조합을 통한 노동자의 보호에서 벗어나 개별 계약 중심으로 노동자를 보호할 수 있다는, 소위 자유노동에 근거한 근로계약법 도입에 대한 논의를 살펴볼 것이다.

Ⅱ. 시장경제의 발전
: 신분제, 권위 그리고 계약으로

1. 거래비용의 경제학

아담스미스는 1776년 국부론에서 일국의 국민들이 소비할 수 있는 재화와 서비스의 생산량이 곧 국부(國富)라고 규정하였다. 국부(wealth of nations)란 용어는 국가가 추구해야 할 근본적인 목표가 국민들을 행복하게 만들 수 있는 재화와 서비스의 전체 생산량이라는 것을 의미한다. 그리고 재화와 서비스의 생산량은 노동생산성에 의존하고, 또 노동생산성은 다시 노동의 분업과 전문화에 좌우된다. 노동의 분업이 전문화를 가능하게 하고, 전문화가 생산성 증가를 이끌어 국부를 증진시킨다는 이 사실은 근대경제학의 가장 근본적인 전제가 된다.

그런데 노동의 분업이 이루어지면 사람들은 교환을 해야 한다. 사람들은 자신이 생산한 재화와 서비스를 자신이 원하는 다른 생산물과 교환할 수 있을 때 이러한 분업이 유지될 수 있다. 여기서 교환을 거래라고 하는데, 거래가 이루어지는 정도와 깊이는 시장의 규모에 좌우될 것이다. 시장의 규모가 확대되면 될수록 노동의 분업은 더욱더 세분화되고 그에

따라 전문화의 정도는 더욱 심화될 것이다. 결국 교환의 용이성은 분업
과 전문화를 심화시키고 국부를 증진시키는 핵심적인 요소가 된다.

사람들이 교환을 하고자 한다면 거래의 상대방을 어떻게 발견할 수
있을 것인가? 구입자는 그가 원하는 바로 그 물품을 판매하려는 사람을
발견하기 위해 무엇을 해야 하는가? 이상적인 시장모형에서는 구입자와
판매자가 개인적인 관계를 맺을 필요가 없기 때문에 그들은 서로를 발견
하기 위해 많은 시간과 노력을 투입할 필요가 없다. 이상적인 시장모형에
서는 거래를 하려는 사람들은 현재의 가격을 파악하고 이 가격수준에서
거래를 할 것인지 여부만을 판단하면 된다. 거래 상대방의 인격적 특성을
파악할 필요 없이 가격시스템에 의해 제반 거래들이 조정되는 것이다.

그런데 이상적인 시장의 가격시스템이 이렇게 작동하고 있다면, 왜
모든 교환거래들은 시장에서 이루어지지 않는가? 이 의문은 1937년 코
즈(R. Coase)에 의해 진지하게 제기되었다.[3] 그는 '기업이 왜 존재하는
가?'라는 의문을 제기하는 방법으로 이 문제를 접근하였다. 많은 경제학
자들이 주장하는 것처럼 시장의 가격시스템이 그렇게 효율적이라면 왜
모든 교환거래(또는 분업들)가 시장이 아닌 기업 내에서 이루어지고 있는
가를 분석하였다. 여기서 그는 시장의 가격시스템을 작동하는데 비용
(즉, 거래비용)이 소요되기 때문에 기업이 존재한다고 지적하였다. 다시
말해 기업은 특정 부품(또는 분업)을 기업내부에서 생산할 수도 있고 또는
시장거래를 통해 외부조달할 수도 있는데, 기업내부와 시장거래에 대한
선택을 좌우하는 중요한 변수가 곧 거래비용이라고 코즈는 지적하였다.

[그림 1]에서 보는 것과 같이, 최종생산물 ⓗ를 만들어내기까지 모두

---

3) Coase, R. H.(1937). 코즈는 이 의문으로부터 거래비용의 중요성을 주장함으로써 1991
년에 노벨경제학상을 수상하였다.

ⓐ~ⓖ 7단계의 공정(또는 분업)이 필요하다고 하자. 그림에서 실선의 화살표는 시장거래를 나타내고 점선의 화살표는 네모 박스로 표시된 기업(또는 조직) 내에서 이루어지는 분업의 연결을 나타낸다. 코즈가 제기한 의문은, 왜 공정 ⓓ, ⓕ, ⓖ가 기업조직 내부에서 이루어지는가 하는 것이었다.

[그림 1] 분업에서의 시장과 조직의 활용

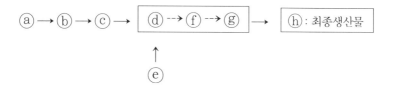

여기서 코즈가 제시한 대답은 거래비용 규모에 따라 시장거래 또는 기업조직이 선택된다는 것이다. 시장의 거래비용과 조직내부의 관리비용(또는 조직내 분업들의 조정비용)을 비교하여 그 크기가 작은 쪽을 좇아 분업 ⓐ~ⓖ는 시장에서 이루어질 수도 있고 조직 내부에서 이루어질 수도 있다는 것이다. 그림에서 실선의 화살표는 시장가격과 경쟁에 의한 자율적 조정과정을 의미하고, 조직내부에서 이루어지는 점선의 화살표는 조직의 관리자에 의한 명령, 통제, 지휘 등 위계(hierarchy)의 권위(authority)에 의한 조정을 의미한다.

코즈에 의하면, 시장과 조직은 노동의 분업을 가능하게 하는 대안적인 조정수단들이다. 시장에서는 가격을 조정기구로 하여 거래들이 자율적으로 형성되지만, 기업과 같은 조직 내부에서는 권위에 의한 명령과 통제가 가격기구를 대체하고 있는 것이다. 다시 말해 경제사회 내에서 이루어지는 각종의 분업들은 시장을 통해 조정되기도 하지만, 명령과 통제와 같은 권위에 의해 조정되기도 한다. 분업을 통한 각종 거래가 시장을 통해 이루어지는가 아니면 권위에 의해 이루어지는가 여부는 거래비용으로 표현되는 경제적 비용의 상대적 규모에 따라 결정되는 것이다.

지금까지의 논의를 그림으로 정리하면 [그림 2]와 같다. 노동의 분업과 전문화가 세밀하게 이루어지기 위해서는 각종 분업들을 조정할 수 있는 수단이 있어야 한다. 조정시스템으로는 가격시스템으로 작동하는 시장과 권위시스템(또는 명령과 통제)으로 작동하는 조직이 있다. 시장에서는 시장의 거래비용이, 조직에서는 또 다른 거래비용(조직관리의 비용)이 소요된다. 어느 쪽의 비용이 더 작은가 여부는 그 사회의 구조적 상황에 따라 다를 것이다.

[그림 2] 분업의 조정

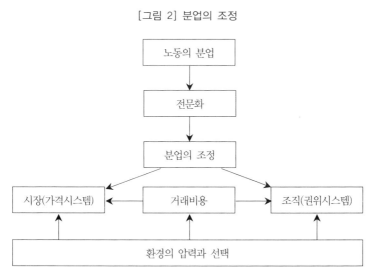

출처: Douma and Schreuder(2013), p.5.

그런데 명령, 통제, 지휘를 행사하는 위계적(位階的) 권위는 기업과 같은 자율적인 조직에서 행사되기도 하지만 국가 또는 정부로 불리는 강제적 권위도 존재한다. 정부는 사회전반에 강제력을 행사하는 독점적 실체로서 정부 역시 서비스를 생산하는 초기업이라 할 수 있다. 정부의 권위가 필요한 경우는 개인들의 자율적 행동으로도 문제가 해결되지 않을 때이기에, 정부의 권위는 보충성의 원칙에 따라 행사되어야 할 것이다. 자율적인 시장과 자율적인 조직이(또는 결사의 자유가) 분업을 충분히 조정하지 못할 때 정부가 개입할 수 있는데, 정부의 개입은 [그림 2]에서 '환경의 압력과 선택'내에 포함되어 있다고 할 수 있다.

거래비용을 중시하며 이를 분석하는 경제학을 최적선택(optimal choice)을 강조하는 전통적인 고전파 경제학과 구분하기 위해 거래비용 경제학(transaction cost economics)이란 용어가 곧잘 사용된다. 거래비용 경제학에서는 전통적인 생산비용뿐만 아니라 거래비용(조직내에서 권위에 의한 관리비용도 광의의 거래비용)도 총비용에 반드시 포함해야 제반 경제적 현상들을 충실하게 설명할 수 있다고 지적한다. 그리고 사회경제적 발전과정을 생산비용뿐만 아니라 거래비용을 모두 포함한 총비용의 극소화 과정으로 이해할 때 비로소 많은 사회경제적 현상들을 설명할 수 있다고 보는 것이다.[4]

코스의 거래비용에 대한 지적은 이후 다양한 경제학 분야에 적용되며 그 가치가 인정되기 시작하였다. 특히 윌리엄슨(Oliver Williamson)은 거

---

4) 거래비용을 경제사에 적용하여 중요한 업적을 남긴 노벨경제학상 수상자, 노스 (Douglass North)는 사회제도가 발전하며 개인들의 거래에 필요한 인격적 신뢰를 대체하는 것으로 보았다. 그는 법의 안정적인 지배와 집행, 그리고 화폐가치의 안정성 보장 등이 거래비용을 줄이는 핵심적인 제도적 기반이라고 지적하였다. North and Thomas(1973) 참조.

래비용을 다양하게 분석하며 거래비용 경제학을 경험적 검증이 가능한 이론으로 발전시켰다.[5] 거래비용은 재화와 서비스의 거래에 수반되는 비용으로서, 거래상대방을 발견하고 거래조건을 합의하며 합의한 내용을 준수하는데 소요되는 제반 비용을 의미한다. 과연 거래비용을 발생시키는 요인은 무엇인가? 즉석거래(spot transaction)가 이루어지는 시장에서 사람들이 거래를 주저하는 비용이 곧 거래비용이 되는데, 윌리엄슨에 의하면 크게 두 가지 측면에서 거래비용이 발생한다.

첫째, 거래내용이 불확실성/복잡성(uncertainty/complexity)의 성격을 갖고 있고 또 이러한 문제를 정리하고 해결하는 인간의 능력이 한정되어 있기 때문이다. 예컨대 즉석거래에서 사과를 구매하는 개인이 사과의 품질에 대한 정보가 불확실하거나 복잡하여 파악하기 어려울 때 개인들은 거래를 주저하게 된다. 물론 아무리 불확실하고 복잡하다고 하더라도 이를 해결하는 개인의 합리적 능력이 완벽하다면 거래비용은 발생하지 않기에 사과를 구매할 것이다.

둘째, 거래상대방의 기회주의적 태도(opportunistic attitude)가 거래를 주저하게 만든다. 어떤 개인이 사과의 가격과 품질을 제대로 파악할 수 있다 하더라도 거래 상대방이 사과의 가격과 품질을 좌우하는 특징들(빛깔, 크기, 꼭지 모양, 재배지, 재배 환경 등)을 적극적으로 알려주지 않거나 거짓말을 할 수 있기 때문이다. 그런데 거래 상대방이 다수가 된다면 그들은 상호경쟁에 노출되기 때문에 기회주의의 가능성은 줄어들 것이

---

5) 그의 이론은 *Markets and Hierarchies*(1975), *The Economic Institutions of Capitalism*(1985)를 통해 전개되었다. 그는 이러한 기여로 2009년에 노벨경제학상을 수상하였는데, 이후 거래비용은 기업조직, 노동시장, 공공조직, 정부규제 등 다양한 분야에 걸쳐 그 적용 범위를 확대하고 있다. 옥동석(2012)은 거래비용 경제학의 내용을 소개하며 공공기관의 의의와 유형에 적용하였다.

다. 다수의 판매자와 구매자가 존재하고 이들이 정기적으로 거래하고 있다면 명성이 거래에서 중요한 역할을 하기 때문에 기회주의의 문제가 희박해진다. 따라서 기회주의와 '소수의 거래자'들이 결합될 때 거래비용이 크게 나타난다.

[그림 3] 거래비용의 구조

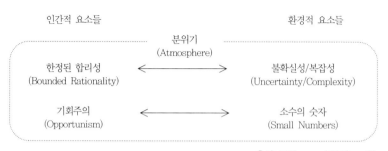

출처: Williamson(1975), p.40.

[그림 3]은 윌리엄슨이 지적한 거래비용의 발생 요인들을 정리한 그림이다. 첫 번째 요인은 인간의 '한정된 합리성'이 상황이나 환경의 '불확실성/복잡성'과 결합하여 나타나는 거래비용을 설명한다. 두 번째 요인은 인간의 '기회주의'적 행태가 '소수의 숫자'에 한정된 거래와 결합할 때 거래비용이 나타나는 것을 설명한다. 이 두가지 요인들이 작동하는 기반이 되는 사회적 '분위기(atmosphere)'도 거래비용을 좌우하는 중요한 요소이다.6)

---

6) 윌리엄슨은 헌혈과 매혈에 대한 사례를 통해 시장거래에 대한 사회적 분위기가 거래비용에 영향을 미친다는 사실을 설명하고 있다. 혈액을 거래하는 매혈이 보편적으로 이루어진다면 그렇지 않은 경우와 비교할 때 헌혈이 감소할 수 있는데, 이는 헌혈에 대한 개인적 인식이 영향을 받기 때문이다. 다시 말해 매혈의 보편화가 혈액의 상업적 거래를

[그림 3]에서 표현된, 분위기를 좌우하는 경제사회적 환경과 배경 (context)은 특정한 조직(또는 시장)이 만들어지는 조건, 만들어지는 조직 (또는 시장)의 형태, 그리고 지속적으로 생존하고 성공하는 조직(또는 시장)의 내용을 결정하는데 중요한 역할을 한다. 이러한 환경적 요인에는 개인들의 경제적 인식, 법적 제도, 법적 안정성, 정부의 역할, 민간의 대응능력, 사회문화, 기술적 수준 등이 복합적으로 포함될 것이다. 이들 환경적 요인들은 개인들의 상호작용에 대한 기반이 되는 게임의 규칙이라 할 수 있는데, 인위적으로 형성되는 제도(institution)와 그에 기반하는 문화(culture)를 포함할 수 있을 것이다.

월리엄슨은 [그림 3]에서 더 나아가 거래비용을 좌우하는 보다 구체적인 관찰가능한 객관적 특성을 3가지로 구분하여 설명하고 있다. 이들은 거래의 불확실성/복잡성, 자산특정성(asset specificity), 거래빈도 (frequency) 등 3가지인데, 이들을 하나하나 살펴보기로 한다. 첫째, 거래의 내용이 불확실하고 복잡한 경우에는 사전에 그 내용을 명시하기 (specify) 어렵기 때문에 당사자들은 거래를 수행하기가 어렵다. 이 경우 거래상대방을 발견하고 거래조건을 합의하며 합의한 내용을 준수하는 데 소요되는 거래비용은 당연히 높아질 것이다. 반면 거래의 내용이 상당히 정형화되어 단순하고 또 그 불확실성도 낮은 경우에는 거래비용이 낮아져 즉석거래(spot transaction)도 가능할 것이다.[7] 따라서 거래비

장려하여 개인의 선택을 확장하지만, 다른 한편으로는 헌혈에 대한 개인들의 인식을 변화시켜 헌혈을 통한 이타주의가 훼손당한다는 것이다. 매혈의 확산으로 자발적 헌혈자가 '순진무구한 사람'으로 조롱거리가 된다면 헌혈의 적극성은 상당히 하락할 것이다.
[7] 즉석거래를 전제로 하는 미시경제학의 완전경쟁에서, 핵심조건 중 하나인 제품의 동질성(homogeneity)은 거래 대상물의 내용이 정형화되어 불확실성/복잡성이 매우 낮다는 의미로 이해될 수 있다.

용의 규모는 거래 내용을 어떻게 정형화하고 표준화하느냐의 능력과 역량에 달려 있다고 할 수 있다.

거래내용의 정형화, 표준화는 다시 네 가지의 유형을 구분할 수 있다.[8] 업무과정의 표준화(standardization of work processes)는 업무 또는 작업의 내용을 표준화하는 것이고, 산출의 표준화(standardization of outputs)는 업무 또는 작업들이 추구하는 산출물 또는 근본적인 미션(mission)을 규격화하는 것이다. 그리고 기술(또는 지식)의 표준화(standardization of skills)는 업무나 작업을 수행하는 작업자들이 훈련을 통해 습득하는 정형화된 기술과 지식을 말한다. 마지막으로 규범의 표준화(standardization of norms)는 작업 전체에 적용되는 규범, 가치, 신념을 표준화하는 것이다. 이러한 표준화를 통해 거래의 내용을 단순하게 한다면 거래비용은 줄어들 수 있다.

둘째, 윌리엄슨은 '자산특정성'이 거래비용의 규모를 좌우하는 중요한 특징으로 설명하고 있다. '자산특정성'이란 특정한 거래를 수행하기 위해 특정한 자산(물적자산과 인적자산 모두)에 대한 투자를 필요로 하는 경우를 지칭한다. 특정 자산에 대한 투자란 특정 용도로만 사용되는 실물자산, 전문적 인력, 특정한 입지, 용도전환이 사실상 불가능한 대규모 투자, 특정한 브랜드 가치 등 다양한 형태의 자본을 모두 포함한다. 이러한 자산은 다른 용도로 전환될 때 자산가치가 심각하게 훼손되기에 −대부분 매몰비용(sunk cost)으로서− 거래특정적(transaction specific) 인 성격을 지닌다.

---

8) 민츠버거(H. Mintzberg)는 조직 내에서 작동하는 조정의 과정을 상호조정, 직접감독 그리고 4개의 표준화 과정을 구분하였는데, 이들 중 4개의 표준화 과정을 본 논의에서 활용하였다. 이에 대한 내용은 Douma and Schreuder(2013), p.49 참조.

'자산특정성'이 존재하면 관련 자산을 투자한 거래자들 사이에는 쌍방 의존성(bilateral dependency)이 나타난다.[9] 쌍방 의존적인 거래에서는 거래 당사자들이 서로 상대방에 의존하게 됨으로써 불안정한 상태에 직면한다. 왜냐하면 구입자들은 특정한 입지에 정착하여 공급선을 다른 곳으로 쉬이 변경할 수 없고, 또 공급자들도 특정성이 있는 전문적인 자산을 다른 용도로 재배치하기 어렵기 때문이다. 따라서 쌍방 의존성에서는 거래 상대방에게 기회주의적 위해(hazards)를 가할 수 있다. 자산특정성이 있으면 거래상대방에게 족쇄(lock-in)가 잡히기도 하고 또는 잡기도 한다. 이 경우 거래자들은 기회주의적 태도를 통해 상대방을 착취할 가능성이 매우 높은 것이다.

셋째, 거래의 빈도도 거래비용을 좌우하는 중요한 요소가 된다. 불확실성/복잡성 그리고 자산특정성이 높은 경우라고 하더라도 거래의 빈도가 매우 높다면 거래비용을 낮출 수 있다는 것이다. 왜냐하면 거래의 빈도가 높다면 거래당사자들은 매번의 거래에서 나타나는 거래비용을 줄이기 위해 어떤 안전장치에 투자할 유인이 생기기 때문이다. 불확실성/복잡성 그리고 자산특정성으로 인해 거래비용이 매우 높은 경우, 사람들은 그 거래를 포기하거나 아니면 높은 거래비용을 부담해야 한다. 그런데 거래의 빈도가 높다면 매번의 거래에 수반되는 거래비용을 줄이기 위해 어떤 안전장치를 고안할 유인이 나타나는 것이다.

---

9) 항만의 대형 컨테이너 크레인은 컨테이너 하역이라는 특정 기능을 위한 자본설비로서 항만 이외의 다른 장소에서는 아무런 쓸모가 없는 고철더미가 될 것이다. 따라서 설치된 대형 크레인은 특정 용도에 특정적이기에 '자산특정성'이 존재한다. 그리고 크레인을 투자한 하역업체는 선박들이 이 곳에 정박하지 않을 수 있다는 위험에 항상 불안해하고, 또 이 항만에 정박하는 선박업체들은 이 하역업체의 독점력에 항상 불안해 한다. 이러한 쌍방의 불안정한 처지를 쌍방의존성이라고 한다.

그러면 거래비용을 줄일 수 있는 안전장치(safeguards)로는 무엇이 있는가? 가장 대표적인 안전장치는 [그림 1]과 [그림 2]에서 설명한 바와 같이 조직을 형성하며 조직 내의 권위에 의한 명령과 통제를 수용하는 것이다. 권위에 의한 체제란 사전적으로 명시된 어떤 약정보다는 구체적인 상황이나 환경이 펼쳐질 때마다 거래 또는 분업의 당사자들이 상대방과 일심동체가 되어 그때그때 하나씩 해결해나가는 것이다. 윌리엄슨은 이를 '협력적 응변(cooperative adaptation)'이라고 하였다. 사전에 모든 것을 예측하고 구체적인 대응을 분담하는 계획을 수립하기보다는 상호신뢰 하에서 그때그때의 의사소통을 통해 또는 명령과 복종을 통해 역할을 분담하며 대응하는 것이다.

'협력적 응변'에 반대되는 개념으로는 '사전적 약정(commitment)'이 있다. '사전적 약정'은 말 그대로 거래 당사자들의 약속인데, 명시적인 약속을 준수함으로써 불확실성/복잡성 그리고 기회주의를 극복하는 것이다. 불확실성/복잡성은 구체적으로 열거한 특정한 상황들에 대해, 그리고 기회주의는 상대방에게 요구하는 구체적 행동들에 대해 사전적으로 명시한 조건부 청구권(contingent claims)을 통해 극복될 수 있다. 완전한 계약이 성립하면 거래에서 손해배상책임이 사전에 완벽하게 구현되기 때문에 '사전적 약정'이 완벽하게 구현되어 있다고 말할 수 있다.

이상적인 시장이란 사유재산권이 완벽하게 보장되어 손해배상책임의 법체계가 완벽하게 구현되어 있는 경우를 말한다. 여기서는 가격이 모든 거래관련 정보들을 포함하고 있기에 하이에크(Friedrich A. Hayek)가 언급한 '충분지표(sufficient statistics)'가 되는 것이다. 이상적인 시장에서는 모든 거래가 즉석거래(spot transaction)의 형태로 이루어질 수 있고,

손해배상의 상황에서는 그 책임을 즉각적이고도 손쉽게 추궁할 수 있는 제반 법규가 완벽하게 집행된다.

그런데 윌리엄슨은 조직과 시장의 중간적이고도 혼합적인 형태로서 계약이라는 안전장치를 추가로 지적하고 있다. 계약은 '협력적 응변'과 '사전적 약정'의 혼합적인 형태이다. 물론 완전한 계약은 '사전적 약정'에 전적으로 의존하는 안전장치이지만, 대부분의 계약은 불완전한 계약으로서 '협력적 응변'의 내용이 적어도 일부분 포함될 수밖에 없다. 소위 '선량한 관리자의 임무를 다한다'는 내용 등은 협력적 응변의 한 가지 형태이기 때문이다.

결국 즉석거래의 이상적 시장이 현실적으로 가능하지 않을 때 채택되는 안전장치는 크게 두 가지 형태를 생각할 수 있다. 하나는 각각의 불확실성/복잡성에 대응하는, 그리고 거래상대방의 기회주의적 행태를 감시하고 교정하는 내용을 명시하는 계약을 체결하는 것이다. 또 다른 하나는 거래 당사자들이 통합하여 경제공동체인 하나의 조직을 형성하는 것이다. 전자의 방법에서는 안전장치(safeguards)로서 손해배상, 계약의 조기 해지에 대한 벌금, 내부정보 공개, 검사, 중재 등 전문적인 분쟁해결절차 등을 규정할 수 있다. 반면 후자의 해법은 거래당사자들의 독자성을 인정하지 않고 경제적으로 공동의 이익을 추구하기 위해 일방적인 명령과 통제가 작동하는 위계(hierarchy)의 조직을 형성하는 것이다.

즉석거래의 시장은 거래가 정형화되어 단순하고 사전에 시장가격이 형성되어 있기에 '사전적 약정'의 정도가 가장 높다고 할 수 있다. 즉석거래는 거래 당사자들의 면면이 중요한 인격적(personal) 거래가 아니기 때문에 당사자들 사이의 신뢰를 기초로 하는 '협력적 응변'이 이루어질 필요가 거의 없다. 반면 즉석거래의 시장과 대척점에 있고 권위에 의한 조정이 이루어지는 위계(hierarchy)의 조직에서는 명령과 통제가 중요하기에 '협력적 응변'이 결정적으로 중요하다. 그리고 즉석시장과 위계조직 사이의 중간적 형태로서 신뢰가능한 계약은 '사전적 약정'과 '협력적 응변'이 적절하게 조화되어 있다고 할 수 있다.

결국 거래비용에 대한 안전장치는 '사전적 약정'과 '협력적 응변'이 혼재되는 정도에 따라 시장 - 계약 - 위계의 스펙트럼 형태로 주어진다. 물론 시장과 위계의 중간형태인 계약에서도 협력적 응변의 정도에 따라 다양한 형태를 구분할 수 있을 것이다.[10) 어떤 집단의 거버넌스(governance) 역시 '협력적 응변'과 '사전적 약정'의 혼합적 형태인데, 거버넌스는 계약에 비해 협력적 응변의 성격이 더 강하다고 할 수 있다.

지금까지 설명한 거래비용 경제학을 정리하면 다음과 같다. 시장경제의 발전은 생산비용과 거래비용을 합한 총비용을 극소화하는 과정이라할 수 있다. 그럼으로써 분업을 심화시켜 전문화를 통한 노동생산성의 증대가 나타나기 때문이다. 생산비용의 하락은 생산요소의 가격하락과 기술발전에 의해 이루어지지만, 거래비용의 하락은 권위를 통한 '사후적 응변'에서 계약을 통한 '사전적 약정'으로 전환할 때 크게 나타난다. '사전적 약정'이 더 많이 활용될수록 경제적 유인효과가 더 클 것이기 때문이다. 그리고 '사전적 약정'에 의한 조정이 더 많이 채택되기 위해서는 각종 업무들이 표준화되고, 표준화된 업무들이 분리되어 계약으로 전환되고, 계약화된 업무를 놓고 다수가 경쟁할 수 있을 때 거래비용이 하락한다고 할 수 있다.

---

10) Ménard, C.(2004).

2. 노동시장의 경제이론

시장경제의 발전은 명령과 통제의 위계적 권위에서 자율적인 계약으로의 발전을 의미한다. 이러한 전환이 사회에 주는 이점에 대해서는 아담스미스가 이미 지적한 바 있다. 아담스미스에 의하면 시장은 계급, 불평등, 특권을 폐지할 수 있는 뛰어난 수단이라는 것이다. 계급, 불평등, 특권이 지속될 수 있는 것은 명령과 통제의 권위가 강력하게 작동하기 때문이다. 강제적 권위를 행사하는 국가의 개입은 경쟁적인 교환을 통한 평등화의 과정을 봉쇄하고 독점, 보호주의, 비효율성을 초래한다. 반면 시장은 계급사회를 실질적으로 해체하는 역할을 한다. 아담스미스는 다음과 같이 언급하고 있다.

"국민의 일정한 계급이 입는 손해를 보상하기 위해서 우리 자신이 그 계급뿐만 아니라 모든 계급에게 또다른 손해를 입히는 것은 좋지 않은 방법이다. … (수입금지는) 우리 중의 일부 특정 제조업자를 장려하게 될 것이다. 왜냐하면 경쟁자가 배제됨에 따라 그들은 국내시장에서 가격을 올릴 수 있게 될 것이기 때문이다. … 자유무역을 회복함으로써 수많은 사람들이 통상의 일터와 통상의 생계수단을 일시에 잃어버린다고 하더라도, 이로 인해 그들이 고용 또는 생계를 박탈당한다고 말할 수는 없다. … 그들이 비록 약간의 불편을 겪기는 했으나 모든 고용·생계를 박탈당한 것은 아니다. … 국민들 모두에게 그들이 좋아하는 어떠한 직업에도 종사할 수 있는 자연적 자유(natural liberty)를 회복시켜 주어야 한다. 즉, 자연적 자유를 심각하게 침해하는 동업조합(corporation)의 배타적 특권을 타파하고, 도제법을 폐지해야 한다. 그리고 이에 더하여 거주법을 폐지함으로써 가난한 노동자가 어느 직업이나 어느 장소에서 실직하더라도, 고발당하거나 이전을 강요당할 근심 없이, 다른 직업을 얻거나 다른 장소에서 직업을 얻을 수 있도록 해야 한다."[11]

영국의 법제사가이자 비교법학자인 헨리 메인(Sir Henry Maine)은 1861년 그의 저서 「고대법(Ancient Law)」에서 '신분에서 계약으로(from status to contract)'라는 표현을 사용하였다. 이는 중세적 신분질서 사회로부터 근대적 계약질서 사회로의 이행을 단적으로 설명하고 있다. 거래비용 경제학의 관점에서 볼 때 신분질서란 개인들의 관계에 '사전적 약정'의 계약(또는 명시적인 법률)보다는 '협력적 응변'의 권위가 작동하는 것이라 할 수 있다. 메인은 이를 다음과 같이 설명하고 있다.

"고대사회의 구조에 관하여 오랜 동안 파헤쳐 나가다보면 그 사회의 절대적 가부장제에서 일생의 대부분을 보낸 사람은 어느 누구라도 법률의 지배가 아니라 자의적 지배에 의하여 모든 행동이 통제된다는 사실을 믿게 될 것이다."[12]

"사회진보의 변화는 한 가지 측면에서 동일하다. 그 모든 과정에서는 가족적 예속의 점진적 해체 그리고 그에 따른 개인적 의무의 확대가 뚜렷하게 나타나고 있다. 시민법이 전제로 하고 있는 단위로서 개인은 점차 가족을 대체하고 있다. … 가족에 근원을 두고 있는 권리와 의무의 상호 관계를 점차 대체하고 있는 것은 -사람과 사람의 관계가 무엇이지 파악하는 것은 어렵지 않은데- 바로 계약(contract)이다. … 개인들의 모든 관계가 가족관계로 정리되는 그러한 사회적 조건에서 시작하여 -이는 역사적 단계에서 구분되는 지점이다- 우리는 개인들의 모든 관계가 그들의 자유로운 협약에서 비롯되는 사회질서의 단계로 점차 이동하는 것

---

11) 국부론, 제4편(Book 4), 제Ⅱ장(Chapter Ⅱ) 참조. 특히 김수행 번역서, pp.566~572 참조.
12) Maine(1861). 정동호·김은아·강승묵 번역, p.7.

같다. … 신분(status)이라는 단어는 앞서 설명한 사회진보의 법칙을 설명하는 유용한 공식(公式)으로 사용될 수 있다. 신분제의 장점이 무엇이건 관계없이, 나는 그것이 매우 확실하다고 믿는다. 개인들을 규정하는 법률에서 파악되는 모든 형태의 신분들은 고대의 가족제에서 —지금도 어느 정도 그러하지만— 형성된 권력과 특권에서 비롯되었다. 우리가 신분이라는 용어를 이처럼 개인에 대한 조건으로만 —전문가들도 이러한 용어에 동의하지만— 사용하고, 또 이 용어를 협약에 따른 즉각적이거나 장기적인 결과로서의 조건에 적용하지 않는다면, 우리는 지금까지 진보적인 사회의 변화를 신분에서 계약으로의 변화라고 말할 수 있다."[13]

중세의 경제는 장원을 단위로 한 자급자족의 봉건경제체제였다. 그러나 도시와 상공업의 발달로 자급자족의 장원경제가 붕괴되고 화폐경제가 확립되면서, 지대(地代)를 부역 대신 금전으로 납부하게 되었다. 이것은 곧 농민이 농노로서 농토에 묶인 신분적 예속관계에서 벗어나 자영농으로서 농지를 대여받는 계약적 경제관계로 변화됨을 뜻하는 것이며, 봉건제도에서 자본주의적 시장경제로 변화됨을 일컫는 것이다.

신분관계를 고용관계로 전환하는 과정을 수요와 공급의 경제이론으로는 어떻게 설명할 수 있을 것인가? [그림 4]는 본 연구의 대상이 되는 항만하역노무에 대해 수요와 공급곡선을 이용하여 전근대적 사회에서 근대사회로의 전환과정을 보여주고 있다. 그림의 횡축은 하역노무의 양을 나타내고 종축은 하역노무에 대한 현금 및 물질적 제보상을 의미한다. 전근대적인 사회에서는 화폐를 교환수단으로 하는 시장경제가 발달

---

13) Maine(1861), 제5장, "Primitive Society and Ancient Law," 마지막 문단. 정동호·김은아·강승묵 번역, pp.134~135. 본 인용문은 번역서가 매끄럽지 않아 저자가 다시 번역하였다.

하지 않았고 또 노동자들의 자율적인 선택이 제한되어 있었기에 하역노무에 대한 공급곡선을 생각하기는 어렵다. 따라서 근대적인 자율적 시장경제에서 나타날 수 있는 공급곡선을 [그림 4]에서는 점선의 형태로 표현하고 있다.

[그림 4] 전근대적 하역노무에 대한 분석

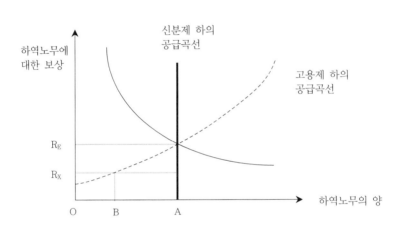

그림에서 하역노무에 대해 사회적으로 적정하게 요구되는 양은 OA로서 주어진다고 하자. 만약 노동자들이 보수 수준에 따라 자율적으로 하역노무를 제공한다면 사회적 적정 수준 OA가 달성되기 위해서는 노동자들에게 OR_E 만큼의 현금 또는 현물보상을 제공해야 한다. 특히 하역노무는 야외작업, 육체적 고통, 위험도 등이 매우 높기에 작업에 대한 보상이 높게 주어져야 한다. 그런데 전근대적 사회에서는 점선의 공급곡선이 존재하지 않고 대신 신분제를 통해 OA만큼의 노동을 강제적으로 확보한다. 따라서 노동의 공급곡선은 OA 수준에서 수직선 형태의

고정된 량으로 표현될 것이다. 그리고 이들 노동에 대해서는 OR_x만큼의 보상이 주어진다. 이는 하역노동자와 동일한 계급의 신분에 속하는 노동자들에게 일반적으로 주어지는 보수라 할 수 있다.

신분제에 얽매이지 않고 하역노무를 자발적으로 제공하는 고용사회라고 한다면 노무자들은 OR_E만큼의 보상을 받아야 이 사회는 OA만큼의 노무자를 자연스럽게 확보할 수 있다. 그런데 신분제를 통해 하역노무를 확보한다면 노동자들에게 주어지는 보상은 OR_x에 불과하기에 AB만큼의 노동자들은 어떤 형태로든 이 하역노무를 벗어나기 위해 투쟁할 것이다. 만약 신분제가 철폐되고 자발적인 고용노동이 확립된다면 노동에 대한 공급곡선이 등장하여 이들에 대한 보상은 OR_E로 결정될 것이다. 만약 고용제 하에서도 하역노무자 이외의 노무자들에 대한 평균적 임금수준이 일반적인 노동시장에서 OR_x라고 한다면 OR_E와 OR_x의 차이는 하역노무에 대한 '보상적 임금격차(compensating differential)'가 될 것이다.

중세의 절대국가에서 나타나는 신분제는 시장경제로의 전환과 함께 폐지되고 근대의 시민국가가 등장한다. 그리하여 근대 시민법은 개인들이 봉건적·신분적 제약으로부터 벗어나 각자 평등한 자유인격을 보장받을 수 있도록 하고, 또 개인에 대한 국가의 간섭을 최소한으로 제한하는 것을 기본이념으로 삼고 있다. 근대 시민법은 신분을 기초로 한 강제적 법률관계가 아닌 자유로운 의사에 의한 합의, 곧 계약을 기초로 한 임의적 법률관계를 기초로 한다. 따라서 근대 시민법은 이러한 계약자유의 원칙, 법률행위 자유의 원칙, 또는 사적 자치의 원칙을 소유권 절대의 원칙 및 과실책임의 원칙과 더불어 지배적인 원리로 채택하고 있다.

 평등한 개인들 사이의 계약이 신분적인 예속을 벗어나도록 함과 동시에 계약제도의 발전은 시장경제의 발전을 급속하게 도모하게 한다. 그런데 근대사회의 초기에는 농업부문의 잉여노동력이 산업부문으로 급속하게 이전하여 노동의 과잉공급이 일반적으로 나타난다. 이에 따라 나타나는 현상은 [그림 5]를 통해 설명할 수 있을 것이다. 본 연구의 대상이 되는 하역노무에 초점을 맞출 때 하역노무에 대한 공급곡선은 임금수준 R_0수준에서 거의 무한탄력적으로 그려지고 있다. 이는 농촌의 잉여노동력이 무한정으로 이전될 수 있음을 표시하고 있는데, 이 시장에서 하역노무에 대한 수요도 상당히 비탄력적일 것이기에(또는 하역물량이 많지 않을 것이기에) 노동시장의 균형은 점 E에서 결정된다고 할 수 있다.

 풍부한 노동력이 존재하는 [그림 5]의 상황에서, 하역업체들은 하역노무자들을 채용 관리할 수 있는 고도의 능력을 가진 중간관리자(소위, 십

[그림 5] 잉여노동력 하의 하역노무에 대한 분석

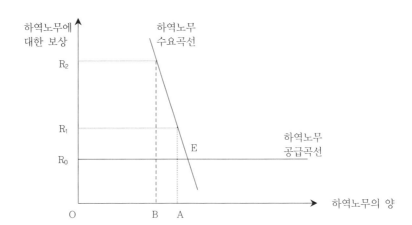

장)들에게 하역노무를 도급의 형태로 수행하는 것이 적절하다. 점 E에서 결정되는 R_0의 임금수준에서 하역노무자들을 관리하는 방식은 명시적인 계약이 아닌 권위에 의한 관리가 이루어진다. 즉, 신분제의 권위가 아닌 새로운 형태의 권위가 필요한데, 이들은 하역노무자들과 생사고락을 같이 하며 권위를 행사하는 십장들이었다고 할 수 있다.

이 중간관리자들은 하역노무에 대해 수요독점력을 행사하면서 노무의 대가를 직접 노무자들에게 배분하는 역할을 수행한다. 이는 중간관리자가 OA의 하역노무 수준에서 하역업체로부터 R_1 만큼의 보상을 받고 노무자들에게는 R_0수준의 임금을 지급할 수 있다는 것을 의미한다. 중간관리자들은 $R_1 - R_0$의 잉여(십장의 몫)를 누릴 수 있는데, 노동공급이 무한탄력적인 상황 하에서는 중간관리자들이 주도하는 노동시장이 형성될 것이다.

그런데 중간관리자들이 누리는 $R_1 - R_0$의 잉여는 노무자들이 결성한 노동조합으로 귀속될 수도 있다. 노무자들이 조합을 결성하면 노무의 공급독점이 심화될 것이다. 특히 클로즈드샵(closed shop) 형태의 노동조합을 결속한다면, 하역업체들은 조합에 가입하지 않은 일반 노무자들을 사용할 수 없기 때문에 노조의 독점력은 더욱더 강화될 것이다. 노동조합이 결성되면 조합의 잉여를 극대화하는 형태로 임금수준이 결정될 수 있기에, [그림 5]에서 그 수준은 R_2로 표현될 수 있다. 노동조합의 결성은 하역노무자들의 고용을 축소(A→B로의 변화)시키지만 하역노무자들에 대한 보상이 높아지는(R1→R2로의 변화) 결과를 낳을 것이다.

산업화가 진전되면 하역노무의 시장에서는 상당한 변화가 나타난다. 첫째, 산업화가 진행될수록 제조업 등에서 노동수요가 폭발적으로 증가하며 농촌의 잉여노동력은 급격히 감소하기에 하역노무자들에 대한 공급도 줄어들 것이다. 둘째, 산업화로 인해 수출입 물량이 급격히 증가하면서 하역노무에 대한 수요도 크게 증가할 것이다. 셋째, 산업화의 진전에 따라 사회 전체의 소득수준이 증가하면 개인의 권리의식이 제고되며 각종의 노동보호조치들이 법적으로 강제될 것이다. 이는 상품으로서의 노동에 대한 표준적인 기준이 마련되고 그 기준이 점차 상승하는 것이라 할 수 있다.[14]

　산업화에 따른 노동수요와 노동공급의 변화들은 [그림 6]과 같이 표현될 수 있다. 산업화 초기 단계에서 실선으로 표현된 노동수요(D)와 노동공급(S)은 산업화가 진전될수록 점선으로 표현된 노동수요와 노동공급으로 변화하는 것을 보여주고 있다. 농촌의 저렴한 노동력이 산업화된 도시로 이동하면서 점차 노동력이 고갈되는 시점, 즉 루이스(Lewis) 전환점에서 임금이 급등하는 현상을 보여주고 있다.[15] 여기서는 노동에 대한 임금수준이 자율적인 경쟁으로 결정되고 각종의 근로조건들은 점차 표준화되면서 법률보다는 자율적 계약에 의해 규율되기 시작할 것이

---

14) 노동의 상품화에 대해 비판적인 시각이 많이 있지만, 이는 노동과 여가(leisure)의 분화를 의미하기에 가족, 취미 등으로 개인의 삶을 더욱 풍요롭게 할 수도 있다.

15) 김수곤(2006)은 한국의 루이스 전환점을 다음 사례를 통해 극명하게 설명하였다. "필자가 부산에 있는 동명합판공장을 방문했을 때 인사담당자에게 물었다. '저렇게 열심히 일 잘하는 근로자들을 어떻게 선발했습니까?'라고 했더니 그는 대답 대신 호각을 꺼내어 휘! 불고는 하는 말이 '이것이 나의 모집도구였습니다.'라고 했다. '왜냐하면 직원을 추가적으로 채용하고 싶으면 언제라도 공장 문 앞에 나와 그 호각을 3번만 불면 저 멀리 판잣집들에서 대기 중이던 17~18세 가량의 아가씨들이 내 앞에 도열을 합니다. 그러면 일 잘할 것 같은 사람만 내가 골라서 채용을 하면 남은 사람들은 고개를 숙인 채 판잣집으로 돌아가는 것이었습니다.'라고 했다. 필자가 '경영자의 천국이군요?'했더니 그는 이어 말하기를 '한 때 그랬지요. 지금은 호각을 30번 불어도 한 사람도 나타나지 않습니다. 저기 저 판잣집들 모두 텅텅 비었어요. 아가씨들은 가발공장으로 또는 전자회사로 다 가버렸어요. 이제는 내가 차를 타고 농촌으로 사람 찾아 나가야 돼요.'라고 했다. 이것이 피부로 느낀 전환점의 실상이라 필자는 생각했다."(김수곤(2006), p.266, 각주4).

다. 이에 따라 공급 및 수요되는 노무자들의 노동조건들이 점차 개선될
것인데, [그림 6]에서는 $R_0 \rightarrow R_1$의 변화로 표현되고 있다.

[그림 6] 산업화의 진전에 따른 노동수요, 노동공급의 변화

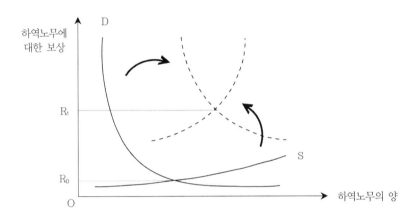

앞의 절에서 설명한 거래비용 경제학은 [그림 6]의 노동시장에 대해
추가적인 시사점을 제공하는 분석을 하고 있다. 거래비용 개념을 동원하
면 하역노무가 하역업체에 직접 채용되는, 소위 상용화(商用化)의 과정에
대한 설명을 할 수 있기 때문이다. 거래비용 경제학에서는 노동시장을
내부노동시장과 외부노동시장으로 구분하고 있는데, 전자는 기업의 내
부에서 이루어지는 권위에 의한 조정을, 후자는 노동시장에서 이루어지
는 가격(임금, 보수)에 의한 조정을 각각 의미한다. 이 내용은 도린저와
피오르(Doeringer and Piore(1971))에 의해 다음과 같이 정리되고 있다.

도린저와 피오르에 의하면, 기업의 내부노동시장은 종업원의 임금결
정과 직무배치가 기업의 규칙과 규정에 의해서 이루어지는 노동시장(또

는 노무관리)을 말한다. 내부노동시장에서 기업은 종업원을 장기적으로
고용할 뿐만 아니라, 기업에서 필요로 하는 능력을 가진 인적자원을 기
업내부에서 육성하는 것을 말한다. 반면 외부노동시장은 종업원의 임금
결정과 직무배치가 시장의 수요와 공급에 의해서 이루어지는 노동시장
을 말한다. 이러한 시장에서는 기업이 필요를 인식할 때는 적절한 능력
을 가진 사람을 외부에서 채용하고 필요하지 않을 때에는 해고한다.

　내부노동시장에서는 임금결정이 근로자의 단기적 생산성과 어떤 연관
관계를 가지기보다는 전체 근속기간 동안의 생산성과 연관관계를 가진
다. 그렇기 때문에 기업은 자신의 부담으로 근로자에 대해 계속적인 교육
훈련을 실시한다. 근로자에 대한 생산성을 평가할 때에도 교육훈련을
통한 능력개발을 감안하기도 한다. 따라서 기업내의 근로자들은 외부인
력과의 경쟁에서 보호를 받는다. 반면 외부노동시장을 통해 인적자원을
확보하고 관리하는 기업에서는 근로자의 단기적인 생산성과 임금이 잘
연관되도록 작업성과 위주로 고용계약을 체결하고 임금을 결정한다. 근
로자들에 대한 교육훈련은 근로자 자신의 부담으로 이루어진다.

　외부노동시장과 달리 내부노동시장은 임금결정과 직무배치가 일련의
행정적 규칙과 절차에 의해 관리되기에 시장이라기보다는 행정단위
(administrative unit)로 간주될 수 있다.16) 따라서 내부노동시장은 임금결
정, 직무배치, 훈련에 관한 결정이 경제적 변수에 의해 직접적으로 영향
을 받는 외부노동시장과 다르다. 완전경쟁에 따라 임금과 보수가 결정되
는 노동시장이 기업조직의 내부로 들어와 관료적 규칙에 따라 체계적으
로 구조화되는 것이 곧 내부노동시장이다. 따라서 내부노동시장은 기업

---

16) Doeringer and Piore(1971), pp.1~2.

내부의 권위에 의해 형성되고 자유로운 선택이 제한된다는 의미에서, '산업적 봉건제(industrial feudalism)' '노동시장의 분점화(balkanization of labor markets)' '직업에 대한 소유권(property rights in a job)' 등으로 표현되기도 한다.[17]

내부노동시장과 외부노동시장이 연계되는 지점은 내부노동시장으로 진입하고 퇴출하는 입직구(入職口)와 퇴직구(退職口, ports of entry and exit)에서 나타난다. 기업 내부에서의 직위(position)는 내부노동시장에 이미 진입한 노동자들의 승진 또는 전보로 채워진다. 내부노동자들에게는 외부노동시장의 노동자들에게 제공되지 않는 일정한 권리와 특권이 부여된다. 내부의 직위를 내부의 노동자들로 채워야 한다는 배타적 권리가 부여되기에 외부노동시장과의 직접적 경쟁에서 벗어나 고용의 계속성을 보호받는다.

내부노동시장은 형성되는 장소에 따라서도 동일 기업 내의 노동시장(기업별 내부노동시장, firm internal labor market)과 직종별 내부노동시장(occupational internal labor market)으로 구분된다.[18] 내부노동시장의 노동자들은 행정 및 조직단위의 형태에 따라 수평적 직무이동(직종별 내부노동시장일 경우 노동자들이 고용주를 변경), 수직적 직무이동(기업별 내부노동시장일 경우 기업 내부의 승진사다리에 따른 이동), 그리고 이들의 다양한 혼합적인 직무이동을 거친다. 또한 내부노동시장의 유형은 직입자격과 요건의 엄격성 정도에 따라 내부노동시장의 외부시장에 대한 개방정도는 다양하다.

그러면 영리를 추구하는 기업은 어떤 경우에 외부노동시장을 이용하

---

17) Doeringer and Piore(1971), p.2.
18) Doeringer and Piore(1971), pp.2~4.

고 또 어떤 경우에는 내부노동시장을 이용할 것인가? 전통적인 경제이론에서는 내부노동시장이 등장하는 요인들을 잘 분석하지 않았다. 그러나 거래비용 경제학의 시각에서는 이들을 분석하고 있는데, 도린저와 피오르(Doeringer and Piore(1971))는 그 요인들을 ① 기능특정성(skill-specificity), ② 직무훈련(on-the-job training), ③ 관습적 규칙(customary law)으로 설명하고 있다.

기업특정적 기능(enterprise-specific skills)은 많은 기업들 사이에 이전될 수 있는 일반적 기능(general skills)과 달리 특정 기업에서만 활용될 수 있는 기능 또는 기술이다. 작업, 직무에서 기업특정적 기능이 필요한 경우에는 고용주가 노동자의 기능을 향상시키기 위해 교육훈련에 투자할 유인을 가진다. 그리고 노동자가 기업특정적 기능을 일단 보유하고 나면 고용주는 이 노동자의 고용을 안정적으로 보장하여 이직을 줄임으로써 고용주는 이 기능의 편익을 취하려고 할 것이다.

내부노동시장이 등장할 수 있는 두 번째 요소는 기업에 고유한 직무훈련을 통해 노동자들의 생산성이 향상된다는 사실에 있다. 직무훈련은 비공식적이고, 생산과정의 결합 생산물이고, 또 실제 수행되는 작업에 의해 획득되기 때문에 별도의 일반적인 교육기관(학교, 대학교 등)에서 이루어질 수 없다. 직무훈련을 통해서만 특정 직무의 기능은 한 노동자로부터 다른 노동자로 이전될 수 있다. 노동자들은 다른 사람들을 관찰하거나 직무를 반복적으로 수행함으로써 '침투(osmosis)'에 의한 직무훈련이 이루어지는 것이다.

세 번째로는 관습적 규칙이 발전함으로써 내부노동시장의 장기적 안정성을 매우 강력하게 형성한다는 것이다. 특히 고용의 안정성이 필요한 경우 작업집단은 기존의 반복적인 관행에 기초하여 관습적 규칙을 발전시키고 나아가 이를 작업집단의 윤리적 기준으로 확립할 것이다. 만약 이들 관습을 위배한다면 그 조직에서 처벌을 받게 될 것이다. 작업규칙이 처음에는 경제적 요인에 의해 나타나지만, 그것이 관습으로 굳어지면 규칙이 경직적이 되어 경제환경에 신축적으로 대응하기 어려워진다.

도린저와 피오르(Doeringer and Piore)의 지적은 윌리엄슨(Williamson)의 거래비용 경제학에 의해 보다 일반적인 형태로 정리되었다. 내부노동시장과 외부노동시장은 윌리엄슨이 구분한 조직과 시장에 각각 대응하기 때문이다. 윌리엄슨에 의하면 위계의 조직은 권위에 의해 작동하는데, 이는 내부노동시장의 노무관리가 행정적 기준과 절차에 따라 이루어진다는 것을 의미한다. 또한 자유로운 시장에서는 즉석거래들이 가격과 경쟁에 의해 조정하는데, 이는 외부노동시장의 작동 원리와 같은 것이다.

윌리엄슨은 장기적으로 볼 때 조직과 시장의 선택은 거래비용의 규모에 좌우된다고 보았다. 또한 그는 거래비용을 좌우하는 가장 중요한 특징 중 하나로 거래에 사용되는 자산의 특정성을 들었으며, 자산특정성이 높은 거래의 거래비용을 줄이는 수단으로서 장기계약을 제안하고 있다. 윌리엄슨이 일반화시킨 거래비용 경제학의 논리(특히 자산특정성)는 내부노동시장과 외부노동시장에 대한 도린저와 피오르의 설명(특히 기능특정성과 직무훈련)을 내포하는 것이라 할 수 있다.

특히 노동시장에서는 과업의 분리화(separability) 또한 중요한 개념이다. 과업의 분리성이란 과업이 표준화되어 명확한 구분이 가능하다는 것을 의미한다. 따라서 자산특정성이 낮고, 과업의 분리성이 높은 경우에는 시장거래가 보다 더 효율적이다. 자산특정성과 과업의 비분리성(inseparability)이 낮은 경우에는 시장의 거래비용이 낮기 때문에 외부노동시장을 활용하는 것이 보다 효율적이다. 예컨대 단순한 업무는 쉽게 표준화되기에 외부노동시장에서의 거래비용이 높지 않기 때문에 외부노동시장이 보다 더 효율적이라고 할 수 있다. 그러나 일반적인 노동조건에 대한 사회적 표준이 법적으로 강행되지 못할 정도로 정부의 노동행정이 미흡하다면 외부노동시장은 노동자들을 열악한 상황으로 몰아넣어 사회 전체의 효율성이 더 높다고 할 수는 없을 것이다.

도린저와 피오르의 내부노동시장의 논리는 영리기업뿐만 아니라 비영리기관에서도 그대로 적용될 수 있다. 영리기업과 비영리기관은 모두 하나의 조직체로서 지속가능하기 위해서는 그 재원구조가 안정적이어야 하는데, 영리기업은 이윤을 그리고 비영리기관은 자발적 기부금을 확보함으로써 재정적 지속성을 유지한다. 재원구조의 이러한 차이는 조직의 내부노동시장 운영방식을 다르게 하겠지만, 위계질서적 권위가 작동한다는 점에서는 동일할 것이다. 본 연구에서 주로 다루게 될, 하역노동자들의 노동조합도 비영리기관에서 나타나는 내부노동시장의 일종이라 할 수 있을 것이다.

Ⅲ. 항만하역산업과 하역노무

1. 항만하역산업의 의의

항만하역산업은 항만물류산업의 일부이다. 항만물류산업은 항만에서의 물류를 단계별로 구분하여 세분화될 수 있는데, 일반적으로 항만물류는 운송, 하역, 보관, 포장, 정보, 관련서비스로 구분된다. 이러한 기능 중에서 중심적인 역할은 운송, 하역, 보관이며 그 나머지는 부수적인 기능이라 할 수 있다. 항만하역산업은 화물의 하역, 보관서비스를 제공하는 업종이라 할 수 있다.

항만하역은 화물의 종류에 따라 그 형태가 달라질 것인데, 특히 포장상태에 따라 벌크화물과 포장화물로 구분한다. 벌크화물은 컨테이너 또는 기타 포장용기에 적입(積入)되지 않고 대량으로 운송되는 석탄, 곡물, 철제 등과 같은 건화물과 원유, 석유제품 등과 같은 액체화물이 해당된다. 시멘트, 곡물 등은 벌크화물에 해당되지만 포대 등의 용기에 담겨 운송될 수도 있다. 포장화물은 목상자, 컨테이너 등 포장용기에 적입하여 운송할 수 있는 규격화된 화물을 의미한다.

전통적인 항만하역은 포장용기에 담겨진 화물을 노동력에 의해 운반하는 작업이었기에 항만하역업은 노동집약적 산업이었다. 하역작업에

[그림 7] 전통적 항만하역과 컨테이너 항만하역

출처: 전국항운노동조합연맹(2009상)

사용되는 작업도구 역시 노동자들이 개인적으로 또는 조별로 보유하는 간단한 도구들에 불과하였다. 그런데 1960년대 이후 팔레트, 컨테이너 등 기술이 발전하며 항만하역에 다양한 기계들이 도입되면서 항만하역업은 자본집약적 그리고 점차 대형장비 위주의 장치산업으로 변모하기 시작하였다. 특히 컨테이너의 도입은 획기적인 변화를 초래하였던 것으로 평가받는다.

기계화, 컨테이너화가 이루어지기 이전, 전통적인 항만하역의 중요한 특징으로는 하역작업에 대한 수요가 시기별로 안정적이지 않고 매우 변칙적으로 나타난다는 것이다. 하역작업에 대한 수요는 화주, 무역회사 또는 선박회사의 요구에 따라 나타나는 파생수요(derived demand)이기 때문에 다양한 형태의 수요가 복합적으로 나타나 작업량을 예측하기가 곤란하였다. 많은 화물의 출회기가 계절적으로 기복을 보이고, 또 하역작업은 일반제조업과 달리 실내가 아닌 야외에서 이루어지기 때문에 기상조건에 따라서도 많은 기복을 보였다. 특히 선박의 항만에서의 정박 자체가 많은 비용을 소요하기에 조기출항(early ship dispatch)의 원칙에 따라 선박 기항과 동시에 신속한 하역처리가 요구된다. 이러한 사실을 압축적으로 표현하여 하역업의 격심한 파동성(波動性)이라고 말한다.[19]

전통적인 항만하역은 노동집약적인 특징을 보이고 있기 때문에 대부분의 하역업체들은 영세하고 난립상을 보였다. 1948년 해방 이후 정부는 국내 하역산업의 발전이 미미한 상태에서 한 개의 항만에서 독점적 하역업을 인정하지 않고 경쟁체제를 유지하고자 하였기 때문에 등록제의 형태를 취하였다. 이에 따라 영세한 하역업체들이 난립하며 작업물

---

19) 선한승, 김장호, 박승락(1995), pp.35~36. 이외에도 하역산업의 특수성에 대해서는 이규창(1974) 제2장, 그리고 김윤환(1982)을 참조할 수 있다.

량 확보를 위해 과당경쟁이 이루어지고 요금덤핑, 리베이트 등의 부조리가 나타났던 것이다. 이는 하역노동자들의 임금상승을 억제하는 결과를 초래하기도 하였다. 1963년 항만운송사업법이 제정되면서 면허제로 전환되어 이러한 난립현상은 조금씩 개선되기 시작하였다.

1960년대와 1970년대를 거치며 항만하역작업의 기계화가 꾸준히 이루어져 점차 하역업은 노동집약적 산업에서 자본집약적 산업으로 변모하기 시작하였다. 다음의 〈표 1〉은 우리나라에서 항만하역작업의 기계화 발전과정을 시기별로 정리하고 있다. 특히 1971년 울산 삼양제당공장의 원당포장물 하역작업 기계화, 1973년 부산항, 1975년 인천항에서의 양곡하역 싸이로(silo) 시스템 도입, 1975년 부산과 인천의 RO - RO선 도입 등이 중요한 기계화 과정으로 평가받고 있다.

하역작업의 기계화가 진전되면서 물류산업에서 유닛로드시스템(ULS; Unit Load System)의 개념이 도입되었다. 이는 하역 및 운반을 단위형태로 적재하여 수송합리화를 이룩하는 체제로서, 화물을 일정한 표준의 중량과 용적으로 단위화(unitilization)또는 표준화하여 기계적인 힘에 의해 일괄적으로 하역 또는 수송하는 물류시스템을 의미한다. 팔레트(pallet)라는 깔판 또는 컨테이너라는 용기의 개발로 인해 유닛로드시스템에서는 화물을 화주의 문전에서 문전까지 일관수송할 수 있는 체제를 갖추게 되었다.

유닛 로드의 대표적인 용구로서 팔레트는 단위수량을 적재할 수 있는 적재 깔판, 즉 하역대를 의미한다. 다수의 소화물을 개별로 이동하지 않고 일정한 묶음으로 단위화하여 한꺼번에 일괄적재하여 수송하는 시스템으로서 적정한 단위 로트(lot)로 집합할 수 있게 목재, 플라스틱, 금속 등으로 제작한 받침대를 의미한다. 팔레트 위에 다수의 화물이 적재되어 일괄적으로 이동할 수 있게 된 것을 팔레트화(palletization)라고 부른다. 이러한 팔레트의 사용은 미국에서 1940년에 처음으로 개발되었는데, 우리나라에는 1950년 한국동란에서 미군이 군수물자 수송을 위해 도입한 이후 1977년 (주)대우중공업에서 포크리프트(forklift)를 생산 판매하면서 팔레트가 급속하게 보급되기 시작하였다.[20]

〈표 1〉 우리나라 하역작업의 기계화 발전 과정

년도	도입장비(시설) 및 주요내용	비고
1958.7	기중기20대, 지게차 230대, 원치 5대 ※ ICA(International Coorporation Administration)의 원조자금 도입	최초의 기계화 (부산항)
1964	진공흡입식 양곡하역기 도입으로 양곡하역 기계화	대한제분(인천항)
1966/67	지게차, 크레인 대량도입으로 중량물 항격작업 기계화	
1968	마그네트 크레인도입으로 고철 및 철재루 작업 기계화	
1969	컨베이어 설치로 비료 하역작업 기계화	
1970	3월 부산항, 4월 인천항에 최초로 컨테이너 선박 입항 ※1970.2월 대한통운, 한진상사와 미국매트손 및 시랜드사와 계약체결	
	부산항 제4부두 하역작업 기계화	태흥광업
1971	원당 포장물 하역작업 기계화	삼양제당울산공장
	철광석의 하역벨트시스템화	속초항
1974	전면 도크화로 인천항 컨테이너부두 준공	
1975	인천항 양곡하역시스템 자동화(사일로 시스템 도입)	
1976	삼일항 남해화학 제7비료 공장의 비료 원료시설 기계화	
1978	부산항 1단계 개발사업 완공으로 부산항 컨테이너부두 개장	

출처: 김승택외(2006), p.13 참조. 백두주(2005)에서 재인용

---

20) 이인근(1994), p.282 참조.

[그림 8] 하역의 기계장비

진공흡입식 양곡하역과 컨베이어

양곡 싸이로(silo)

지게차(포크리프트)

로로(RO-RO)선

유닛로드시스템의 핵심인 컨테이너의 사용은 팔레트보다 훨씬 빠른 1920년대 미국의 철도회사에서 처음 사용되었다. 이후 해운과 항공운송에서도 사용되기 시작하였다. 컨테이너 방식은 컨테이너를 사용하여 일괄수송하는데, 국제표준으로 컨테이너의 종류별 규격이 표준화되었다. 컨테이너 속에 화물을 적입 또는 적출할 때에는 표준형 팔레트가 사용되는 경우가 많다. 〈표 1〉에서 보는 바와 같이, 우리나라에서는 1970년 대한통운과 한진상사가 부산항과 인천항에 각각 컨테이너 전용선박을 최초로 입항시켰다.

유닛로드시스템은 복합일관운송(intermodal transportation)을 가능하게 하였다. 복합운송(combined or multimodal transportation)이란 두 종류 이상의 이종 또는 동종의 수송수단에 의해 화물을 순차적으로 문전에서 문전까지 일관수송한다는 뜻으로서 통과운송(through transportaion)이라고 한다. 이는 하역 및 수송의 합리화 체제로서 하역의 기계화, 화물의 파손방지, 신속한 적재, 수송수단의 회전율 향상을 가능하게 한다. 중량, 용량, 포장, 화조(貨造)를 통일함으로써 하역의 기계화, 수송의 효율화, 포장의 간이화를 통해 물류비를 절감할 수 있게 되었다.

1970년대에 본격적인 경제개발로 안정적인 수출입 화물이 확보되면서 항만하역작업의 파동성은 점차 변화하기 시작하였다. 더구나 항만하역에서 기계화와 컨테이너화가 진전되면서 정기회항선의 비중이 증대되고 기상 등 자연조건에 대한 통제가 가능해짐으로써 하역업이 과거에 비해 파동성의 정도가 약화되기 시작하였다.[21] 하역작업의 시기별 물량에 대한 예측가능성이 커지고 또 시기별 안정성이 증대되면서 대규모

---

21) 선한승, 김장호, 박승락(1995), pp.35~36.

시설장치에 대한 투자가 가능하게 된 것이다.

하역시설에 대규모의 투자가 필요하고, 대규모의 자본설비는 또 다시 대량 화물의 처리비용을 급속히 하락시키는 규모의 경제(economies of scale)를 실현하기 시작하였다. 하역기업들이 대형화, 기계화의 변화를 겪으면서 하역노무자들의 노무형태도 달라지기 시작하였다. 무엇보다도 파동성이 완화되면서 하역업체들은 안정적인 화물 물량 처리를 위해 필요한 노동력을 고정적으로 확보하기 시작하였다. 그러나 여전히 변동물량에 대해서는 그때그때 노동자들을 임시로 고용하였다. 기계화와 하역물량의 안정성으로 하역업체가 정규직으로 고용하는 상용직(商傭職) 노동자들의 비중을 확대할 수 있었던 것이다.

장치산업으로서 하역업이 등장하고 하역비용이 하락하면서 전반적인 물류비용이 하락하는 현상은 전세계적으로 나타났다. 1993년 UR (Uruguary Round)의 타결에 따라 새로운 국제무역질서인 WTO 체제가 확립되고, 또 통신 및 수송기술의 획기적인 발전으로 전세계 경제의 개방화와 국제화가 가속화되었다. 이는 국가간의 경제적 경쟁이 더욱 치열해지고 그 범위가 확대되고 있음을 의미한다. 이러한 인식을 배경으로 1990년대에 우리나라는 물류산업의 발전에 대한 필요성을 절감하였다.[22] 한 나라의 국제경쟁력은 종래의 비교우위론 차원에 머무는 것이 아니라 각종 사회경제제도의 성격과 기능이 총체적으로 작용하여 결정된다. 이제 우리나라 항만하역산업도 대외개방과 더불어 과거와 같이

---

22) 우리나라는 1980년대에 물가안정과 경제안정을 위한 경제정책이 채택되면서 사회간접자본에 대한 정부지출이 급속히 줄어들었다. 이러한 경제정책으로 1990년대 초반에는 상당한 경제호황이 나타났으나 우리나라의 수출경쟁력을 계속 유지하기 위해서는 이제 사회간접자본 투자가 필요하다는 인식이 전문가들 사이에 확산되었다.

우리나라 수출입 물량의 처리수준으로는 자족할 수 없으며, 세계의 유수 하역업체들과 경쟁에서 버틸 수 있는 수준으로의 발전이 요구되는 실정이었다.[23]

이러한 기술적 경제적 배경 하에서 항만하역산업의 구조조정 필요성이 제기되기 시작하였다. 특히 대규모 자본의 회임기간이 길기 때문에 영세한 하역업체들로서는 감히 엄두를 내지 못하였다. 항만하역의 기계화, 컨테이너화를 통한 물류비용 절감이 매우 중요함에도 불구하고 우리나라 항만하역업은 이러한 투자를 할 수 있는 여건이 쉽사리 조성되지 않았다는 것이다. 하역업체의 하역설비 투자는 제Ⅱ장에서 소개한 바와 같이 윌리엄슨이 지적한, 특정 용도에만 사용되는 자산특정성이 매우 강하다. 따라서 정부가 이들 자본을 사회간접자본의 형태로 투자하였는데, 1990년대까지도 항만시설의 대부분을 정부가 소유하고 관리하는 형태로 운영하였다. 또한 하역요율도 정부가 고시하고 있기에 하역업은 정부의 관리와 입김을 벗어나지 못하고 있었다.[24]

1990년대 이전의 전형적인 부두건설 방식을 살펴보면, 정부가 안벽, 야드, 게이트, 운영건물, 창고 등 인프라 시설을 건설하고 하역회사는 하역장비를 투자·소유하며 선박이 접안해 있는 부두로 이동하여 하역작업을 수행하였다. 즉 하역회사의 하역장소는 지정되지 않고 작업할 때마다 변경되었고 하역회사는 이동하면서 작업하였다. 그러나 기계화의 진전으로 대규모 고정장비를 통해 하역작업이 가능해지면서 정부는 양곡부두, 석탄부두, 컨테이너부두 등 소위 전용부두를 허가하였는데, 이에 따라 하역업체들은 대규모 고정장비를 투자할 유인을 가질 수 있었다.[25]

23) 선한승, 김장호, 박승락(1995), p.2.
24) 김승택외(2006), p.4.

이러한 고정장비는 특정한 단일업체가 관리를 해야만 효율적인 관리가 가능하다. 대규모 고정설비를 여러 업체들이 공동으로 사용한다면 이들 업체들의 이용을 조정하는 비용이 과도하게 소요되는 것이다. 더구나 고정된 인력이 고정설비를 지속적이고 안정적으로 관리할 때 대규모 재원이 소요되는 장비의 관리에도 능률성이 나타날 수 있는 것이다. 따라서 종래와 같이 누구나 이용하는 일반부두 방식을 유지한다면 효율적인 관리가 곤란한 것이었다.

1978년에는 정부가 '개발부두' 제도를 도입하여 대규모 기계화에 대응하고자 하였다. 즉 정부가 부두의 기본 인프라뿐만 아니라 고정하역장비도 함께 설치하는 부두를 건설하기 시작한 것이다. 이를 기존의 부두와 다르다는 의미에서 '개발부두'라는 명칭을 사용하였지만, 여기서도 일반부두와 마찬가지로 정부가 직접 투자하며 고정하역장비를 설치하였다. 그런데 고정장비는 단일 업체가 관리 운영할 필요가 있었기 때문에 '개발부두'에 대해서는 운영방식을 종래와 다르게 하는 방식을 도입하였다. 즉 부두별로 특정 하역회사를 지정하여 운영하는 '지정하역회사제도'를 도입한 것이다. 1978년에 부산항의 양곡부두, 자성대 컨테이너부두, 고철·광석부두, 석탄부두 등에 특정한 민간기업들이 전용할 수 있도록 하역회사를 지정하였다.[26]

1990년대에 들어와 '개발부두'와 '지정하역회사제'가 확대되면서 그 명칭은 점차 민간에 대한 '임대부두' 또는 '부두운영회사제'로 바뀌게 되었다. 임대부두는 컨테이너부두의 개장과 함께 비약적으로 증가하였다. 1991년에 개장된 부산항의 신선대 컨테이너부두는 동부산컨테이너

---

25) 해양수산부(2007), p.30.
26) 김형태외(2007), p.31.

부두(주)에, 1996년에 개장된 우암컨테이너부두는 고려종합운수(주)와 동성실업(주)에 임대되었다. 그리고 1998년 부산항 제4단계 건설사업으로 개장된 감만부두는 같은 해에 동시에 개장된 광양항 제1단계 부두와 함께 1선석씩 한진해운(주), 현대상선(주), 조양상선(주) 및 대한통운(주)·ZIM·OOCL사에 각각 임대되었다. 민간의 하역회사뿐만 아니라 민간의 선사들에게도 부두운영을 허용하기 시작하였던 것이다.[27]

이러한 '부두운영회사(TOC, Terminal Operating Company)' 제도는 그 이전과 달리 선석을 포함한 야드, 창고 및 하역장비 등을 일괄 특정 부두운영회사에 장기간 임대하는 방식이다. 부두운영회사제 도입 이전의 개발부두 제도에서는 1년 미만을 단위로 하여 부두를 전용으로 사용하도록 허용해왔다. 개발부두에서는 사용기간이 1년 미만이었기 때문에 부두의 임차인은 장기적인 부두운영계획수립, 마케팅의 계획적·지속적 추진이 곤란하였다. 반면 부두운영회사제에서는 임대기간을 3년 또는 5년으로 장기화하였다. 이에 따라 부두시설의 확충계획, 부두의 운영계획, 마케팅 계획 등을 부두임차인이 직접 수립할 수 있게 되었다.[28] 부두운영회사제도는 기존의 부두운영 관리방식을 획기적으로 변모시키는 것인데, 정부는 그 당위성을 다음과 같이 설명하였다.

> "첫째, 일원화된 운영시스템으로 운영해야만 효율적인 운영이 가능하다는 점이다. 이러한 부두는 전용부두이기 때문에 특정 화물을 전용으로 취급할 수 있도록 고정된 운영시스템을 활용해야만 한다는 점이다. 둘째,

---

27) 김형태외(2007), p.31.

28) 1997년에 도입된 '부두운영회사제도'는 그 이전의 임대개념이 아니라는 의미에서 '전용사용'이라는 용어로 표현되었다. 김형태외(2007), p.32 참조.

다수의 하역회사가 동시에 작업하게 되면 선석, 야드의 이용이 무질서해
지고 효율화를 기할 수가 없게 된다. 따라서 단일 사업자를 선정하여 부
두를 일괄 운영할 필요가 있는 것이다. 셋째, 임대기간은 장기화시킬 필
요가 있다. 임대기간이 짧으면 임차인은 투자계획이나 마케팅계획 및 인
력확보 계획 등을 수립하기가 곤란해진다. 넷째, 작업방식, 작업장 및 장
비가 고정되어 있기 때문에 효율적인 운용을 위해서는 고정된 인력이 작
업을 수행해야 하는 것이다. 이에 따라 일반부두와는 달리 고정인력을
배치하여 작업하지 않을 수 없다."[29]

장기간의 투자방식이 채용되면서 정부 내에서는 투자에 대한 인허가
방식을 계약방식으로 변경할 필요성도 제기되었다. 인허가는 엄격한 계
약을 전제로 하는 것이 아니기 때문에 정부와 하역업체 사이에서는, 제
II장에서 설명한 '협력적 응변'이 요구될 수밖에 없다. 그러나 '협력적
응변'을 주된 개념으로 하는 인허가 방식 하에서는 '약탈적 횡포'도 가능
하다.[30] 인허가 방식은 엄격한 계약을 전제로 하지 않기 때문에 정부이
건 사업자이건 상황 변화에 따라 기회주의적 행동을 취할 가능성이 높
기 때문이다. 인허가 방식이 엄격한 장기계약으로 전환하기 시작한 것
은 항만공사체제가 도입되고 또 1994년에 제정된 '사회간접자본에 대한
민간투자법'이 활성화된 2000년대 이후의 일이다.

이처럼 하역업이 민간사업자가 투자하는 장치산업으로 점차 전환되면
서 기존의 하역노무자들을 어떻게 고용할 것인가에 대한 논란이 나타나기

---

29) 김형태외(2007), p.31.
30) 인허가는 민간사업자가 사업계획서를 제출하면 정부가 승인하는 방식을 취하고 있는
　　데, 그러한 사업계획서는 법률에 위배되지 않는 한 정부와 사업자 사이의 사후적 협의에
　　의해 얼마든지 수정가능하다.

시작하였다. 이는 1978년에 도입하기 시작한 '개발부두' 제도 하에서부터 나타나기 시작한 현상이었다. 지정하역회사, 부두운영회사들은 기존의 항만근로자를 모두 고용할 수는 없었고 대규모 기계장치에 대한 기술인력만을 요구할 뿐이었다. 그리고 컨테이너 전용 등 전용부두제가 실시됨에 따라 각 부두에서 분산 취급되던 기존의 화물들이 전용부두에 집중됨으로써 화물이 없는 부두지역에서는 실업자가 증가할 수밖에 없었다.[31]

2. 하역노무의 경제적 성격

기계화, 컨테이너화가 진전되기 이전의 전통적 항만하역에서는 하역노무의 특성을 다섯 가지로 정리할 수 있다.[32] 이들은 ① 항만노동수요의 파동성, ② 노동시간의 불규칙성, ③ 육체적 중노동, ④ 단순협동작업, ⑤ 불량한 작업환경 등인데 이들 각각의 내용을 보다 자세히 살펴보기로 한다.

첫째, 항만하역업과 그에 따른 하역노무에 대한 수요는 파동성이 매우 크다. 항만하역에 대한 수요는 하주의 수요와 공급에 따라 나타나는 파생수요로서 항만에 들어오는 화물의 량과 화물의 형태에 따라 그 작업의 내용이 전적으로 의존하게 된다. 입출항하는 화물은 계절적 우발적 변화가 심하여 그에 대한 정확한 예측이 어려운데, 노동수요의 이러한 불규칙성으로 고용의 불규칙성이 나타난다. 이러한 불규칙성은 일별, 월별, 계절적 또는 년도별 모두에서 나타났다.

---

31) 김형태외(2007), p.31.
32) 김홍섭(1989), pp.6~8 참조.

노동수요의 이러한 파동성으로 인해 하역업자는 상용제(常傭制)보다는 일용제(日傭制) 또는 도급제(都給制)를 선호한다. 다시 말해, 작업량이 많을 때는 많은 노동력을 일시에 투입하고, 작업량이 없을 때는 그 많던 노무자들이 일을 하지 않고 장시간을 쉬어야 한다. 일용제와 도급제에서 임금의 형태는 작업시간과 일수에 따라 성과급적 청부임금의 형태를 띤다. 항만노동의 공급자 즉 항만노동자들도 하역작업 이외의 시간에는 농업 또는 여타의 생업에 종사할 수 있기 때문에 상시고용(常時雇傭)을 싫어하는 경향도 없다고 할 수는 없었다.[33]

> "항만에 선박이 매일 규칙적으로 입항해오는 것이 아니라 1주일에 한 척이 입항하여 3일간 작업하고, 3일간은 작업이 없는 그러한 방식이었다. 따라서 항만하역회사는 작업이 없을 때에는 인력을 굳이 고용해야 할 이유가 없어진다. 당시에는 일반인의 생계가 농업에서 완전히 분화되어 있지도 않았기 때문에 하역작업이 없는 날에는 농업에 종사하거나 다른 업무를 수행하는 방식으로 지냈다. 즉 하역작업은 농업 및 기타 업무에 부수적이거나 병렬적인 작업에 지나지 않았다. 이에 따라 항만하역기업도 이들을 정식 직원으로 고용할 필요나 의무도 없었다".[34]

둘째, 노동시간의 불규칙성이 매우 크다. 하역작업은 선박이 항만에 정박 또는 접안하는 시간을 최대한 줄여야 하기 때문에 신속하게 화물을 하역해야 한다. 이를 선박의 조기출항(Quick Dispatch) 원칙이라고 하는데, 선박이 입항하면 주야를 가리지 않고 언제든지 작업을 계속해야 한다. 따라서 하역노무의 입장에서는 특정한 작업시간이 정해져 있지

---

33) 김홍섭(1989), p.7 참조.
34) 김형태외(2007), p.16.

않다고 할 수 있다. 그리고 선박이 입항하지 않을 때는 불규칙하게 쉬는 시간이 계속된다. 이와 같이 하역작업에서의 노동시간은 특정한 시간대 (時間帶)를 갖지 않고 불규칙한 특성을 지닌다.

셋째, 전통적인 항만하역작업은 육체적으로 중노동이었다. '가데기'라 하는 어깨하역노동(60kg 이하의 어깨하역), '목도'라는 윗어깨 하역노동 (60kg 이상의 어깨하역)이 대부분이었고([그림 9] 참조) 노동자들은 갈고리 (칼쿠리), 천쟁 등을 사용하였다. 위험한 바닷가에서 기상이나 기온 등 자연조건에 구애받지 않고 계속하여야 하는 중노동이었기에 부상 등 안전사고의 위험도 매우 높았다. 노동자의 체력을 최대로 이용해야 하는 중노동이었기 때문에 청장년층 남자가 아니면 감당하기 어려웠다. 이러한 노동은 특별한 지식이나 기능의 숙련을 요하기보다 반복숙달에 의한 육체노동이었기 때문에 노동자들의 교육수준은 매우 낮았다.

[그림 9] 가데기작업과 목도작업

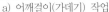

a) 어깨걸이(가데기) 작업   b) 목도작업

출처: 한국항만연수원 인천연수원

넷째, 하역노무는 협동작업으로 이루어진다. 항만하역은 수입(輸入)의 경우 본선→부선(浮船)→육상→상차(上車) 또는 본선→육상→상차의 순서에 따라 진행되고, 수출(輸出) 화물은 그 반대의 순서로 이루어진다.[35] 이러한 각 작업들은 협동작업이 이루어지지 않으면 능률적이고 안전한 작업이 되기 어렵다. 즉 본선작업이 원활하지 않으면 그 이후의 부선(浮船)이나 육상, 상차작업이 제대로 수행되지 못한다. 반대로 부선이나 육상, 상차작업이 원활히 처리되지 않으면 본선작업도 곤란하게 된다. 그리고 각 부문의 작업에서도 작업반(gang) 내부의 협동작업이 절대적으로 요청된다.

하역노무가 이루어지는 장소를 중심으로 구분하면, 노무자들은 부두 노무자, 선박 노무자, 선창(船倉) 노무자, 창고 노무자로 나뉜다.[36] 또는 안벽(岸壁)-잔교-부두를 연결하는 육상 노무자(dock-men), 갑판 노무자(deck-men), 적화(積貨) 담당인 선창 노무자(hold-men)를 구분하기도 한다. 선내의 하역작업과 연안의 하역작업과정은 〈표 2〉와 같이 정리할 수 있다.

---

35) 부선(浮船)은 바지(barge)선이라고도 하는데, 항만 내에서 짧은 거리의 해상운송에 사용되는 소형선으로서 본선과 부두 사이의 중계운송에 사용된다.

36) 선창[hold, 船艙]이란 선박에서 화물을 적재하는 구획이다. 갑판 아래쪽인 선저(船底) 와의 사이에 있는 장소로서 화물을 적재하기에 화물창(貨物倉)이라고도 한다.

〈표 2〉 선내하역작업과정

작업단계		내용
선내하역	Stand By	전 작업원은 용이한 위치에서 작업용구를 소지하고 고정한다.
	Hatch(船口)를 연다	전 작업원이 Hatch의 뚜껑을 연다.
	선내작업	작업의 원활을 위해 통상과 같은 위치에서 Sling에 화물을 놓는다. ※ Hook을 선박에 넣기 위해 winch를 내린다.
	Sling 걸기	화물을 담은 Sling에 Hook에 건다.
	Deckman 신호	Deckman은 Sling을 Hook에 거는 것을 보고 Winchman에게 신호를 한다.
	Winch 시동	Deckman의 신호에 따라 Winchman은 Sling을 건 Cargo Wire를 Winch를 감아올린다.
	부선에 내려놓기	화물을 부선에 내려 놓는다. ※ 선측인도(船側引渡): 화물을 부두에 내려 놓는다. ※ 직상차(直上車): 화물 이송을 위해 자동차에 바로 싣는다.
	부선내 화물옮기기	선박운항에 지장이 되지 않게 화물을 적당한 장소에 옮겨 놓는다.
연안하역[1]	용구의 준비	화물에 따라 필요한 용구를 준비한다.
	Sling을 건다	선하를 양육키 위하여 부선에서 화물에 Sling을 건다.
	화물양육	작업지도원의 지시에 따라 기중기로 화물을 양육한다.
	Sling을 푼다	화물이 정해진 위치에 놓여지면 Sling을 푼다.
	운반	화물을 운반구로 기타의 장소로 옮긴다.

1) 선하(船荷)는 선박에 싣는 화물을; 양육(揚陸)은 화물을 들어 올려 육지로 옮기는 일을; 슬링(sling)은 무거운 짐을 취급 운반할 때 사용하는 인양로프 또는 인양용구를 의미함.

2) 윈치(winch): 원통형의 드럼에 와이어 로프를 감아, 도르래를 이용해서 중량물(重量物)을 높은 곳으로 들어올리거나 끌어당기는 기계.

출처: 김홍섭(1989), p.8

하역노무가 협동작업의 형태이기 때문에 중간노동 동원체제인 조장 제도(組長制度)가 유지되고 있다. 이를 보통 '십장(什長)'제도라 하는데, [그림 10]과 같이 조직된다. 이는 지역마다 시대마다 이름을 달리 하기도 하는데, 부산에서는 '항수(港首)'라는 이름으로 인천에서는 '십장(什長)'으로 각각 불리웠다. 하역노무의 작업은 안전사고의 위험이 높기 때문에 작업이 매우 엄격하여 주종의 관계 또한 매우 엄격하다. 따라서 근대적인 고용관계가 성립한 이후에도 신분적, 계급적 성격의 노무체가 지속되기도 하였다.

[그림 10] 십장제도

출처: 김흥섭(1989), p.54.

다섯째, 작업환경이 매우 불량하다. 야외작업이 대부분이기에 폭풍, 황천, 혹한, 혹서 등의 조악한 자연조건에서도 하역작업을 완료해야 하는 경우가 많다. 또한 항만노동은 선박의 체선을 방지하고 신속한 하역과 선박의 조출을 위하여 단시간 내에 하역작업을 완료해야 한다. 따라서 작업환경이 열악한 데도 불구하고 작업을 계속해야 하는 경우가 많다.

[그림 11] 하역작업의 용구들

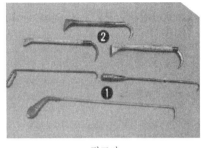

갈고리

미끄럼방지 안전화

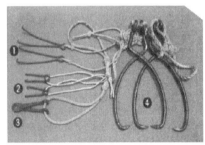

목도용 슬링

지게

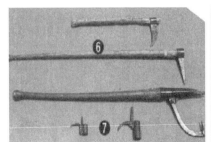

원목취급용구

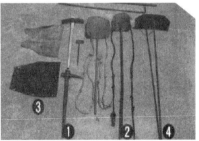

석탄 및 시멘트 하역장구

출처: 전국항운노동조합연맹(2009상)

하역노무의 이러한 특징들 때문에 하역업자는 하역노무자들을 일용제(日傭制) 또는 도급제(都給制)로 활용하고 있다. 이와 같은 임시고용제는 '날품팔이'로 곧잘 불리는데, 사용자와 장기적인 고용관계에 있지 않기 때문에 작업이 완료되면 고용관계 또는 도급관계가 종료된다. 여기서 사용자와 노동자의 관계가 자유롭게 형성 해지된다는 장점을 가지지만, 다른 한편으로 노동자의 취업기반과 지위가 극히 불안정하다고 할 수 있다. 특히 잠재적인 실업군이 만연한 상황에서는 노동자들의 수입이 극심하게 변동하고 고용조건이 매우 열악하게 된다.

이를 타개하기 위한 방법은 노동자들이 노조를 결성하여 독점적 지위를 확보하는 것이다. 하역노무자들의 노동조합은 이러한 배경 하에서 노동관계법이 제정되기 훨씬 이전부터 자연스럽게 등장하였다. 하역노무자들의 노동조합은 항만하역의 불안정성과 파동성이라는 위험 하에서 열악한 노동조건을 개선하기 위한 자연발생적 요구라 할 수 있다. 하역업체들 또한 필요한 노동력을 상용고용자로서 직접고용하기보다는 하역작업을 도급제 형태로 노동조합에 주어 노무공급을 독점하도록 하는 것이 편리하였다. 노동조합의 강력한 조직력과 통제력을 통하는 것이 하역업체들의 노무관리 부담을 크게 줄일 수 있는 것이다.[37]

하역노조에서는 항만노동자들의 모집 및 감독·공급기능의 담당자로 연락원(또는 십장)을 두며, 연락원을 중심으로 협동적인 하역작업을 수행하기 위한 작업조직을 형성한다. 노동조합의 간부인 연락원은 항만노동자의 개인별 작업배치와 함께 항만노동자를 통솔하고 지휘·감독한다. 각 연락소에는 10~20개의 작업반이 구성되어 있는데 연락원은 노동조

---

37) 김홍섭(1989), pp.54~55.

합의 일선 대표자로서 하역회사의 업무담당 과장과 고충사항을 협의한
다. 그리고 하역작업시간의 작업량 할당, 재해사고 발생에 대한 대책,
노조의 지시사항 등을 전달하고 항만노동자들의 의견과 고충사항을 청
취해서 노동조합에 보고하여 개선하도록 한다. 이러한 연락원들이 수행
하는 업무는 '노동자 동원', '작업배치', '작업감독', '노임지불' 등이라 할
수 있다.[38]

노동조합이 하역업체로부터 수령하는 대가는 작업에 투입한 인원수
에 근거한 것이 아니라 처리한 화물의 량에 근거한다. 즉 협약에서는
화물별로 톤당 지급임금을 정하고 처리한 화물량에 따라 하역노무자들
에게 임금이 지급되는 것이다. 따라서 노조가 지급받은 임금총액은 처
리하는 화물량과 화물 톤당 임금에 따라 결정된다. 화물별, 하역장소별,
작업공정별로 단위임금을 산정하고 거기에 그 날 작업반의 작업량을 곱
해서 작업반의 임금총수입 금액을 산정하고, 그것을 다시 각 작업반의
노무자수로 균등분배한다.[39]

작업반의 임금총수입 = (작업반별 작업량 × 톤당 기본노임) +
기타노임(할증료, 대기료, 조출료 등의 배분액)
하역근로자 노임(W) = 작업반의 임금총수입(TVG) ÷ 작업반원수(NPL)

노조의 연락원은 하역회사로부터 노임을 일괄수령하여 노동자들에게
노임을 지불한다. 임금총수입 중 일부는 노조비, 일부 행정비용 등으로

---

38) 김홍섭(1989), p.72.
39) 김홍섭(1989), p.74.

제외하고 그 나머지를 균등하게 배분하는 것이다. 이 과정에서는 작업의 경험, 작업능력, 연공서열, 연령 등이 무시되고 기능 및 직종에 관계없이 동일액의 임금이 지급된다. 따라서 노조에 가입한 경력이나 연령과 관계없이 동일한 임금을 지급받는다. 작업반이 임금수준을 높이고자 한다면 노동자들을 적게 투입하여 노동강도를 높여야 할 것이다. 하역노무자들이 결성한 노동조합은 노동자의 권익을 보호하는데 주된 목표를 두고 있는데, 그 목표는 조합원의 균등한 취업기회(로테이션 방식에 의한 조합원의 작업투입), 동일한 급여수준 보장(노임의 균등한 배분)의 형태로 나타나고 있다.[40]

노임지급에 대한 노조의 이러한 방법에서 나타나는 문제점은 다음과 같다. 첫째, 임금수준을 획일적으로 적용하다보니 항만별, 부두별, 작업반별 항만노동의 수요와 공급의 불균형을 초래할 수밖에 없다. 항만노동 수급의 과잉 및 부족현상을 야기시켜 전체적인 항만노동의 운영효율을 저해하고 있다. 또한 이는 항만노동자들의 항만간, 부두간, 소득격차 및 고용불안정의 요인이 되고 있다(〈표 3〉 참조). 항만별 또는 동일 항만내에서 작업반별·항만작업 관할별 임금소득의 격차, 항만하역업체의 노무관리 기능을 대행하고 있는 연락원의 임금분배방식 차이 등이 문제로 제기되었다.[41]

노조에 의한 이러한 노무관리의 두 번째 문제점으로는, 노동조합이 하역노무를 공급관리함으로써 하역노무조직의 경영적 측면이 고려되지 않고 있다. 즉 하역작업 수행에 필요한 노동력의 예측 등 장단기적인 하역노무 수급계획이 수립되지 않는다는 것이다. 항만하역노동자 개인

---

40) 김형태외(2007), p.16.
41) 김홍섭(1989), p.73.

들의 적성과 능력, 전문기능에 따른 인력배치를 할 수 없기 때문에 항만
하역 작업관리가 효율적으로 이루어지지 않아 작업능률이 저하하고 있
다. 노동조합 특유의 균등배분이라는 원칙이 기계적으로 적용되고 있기
에 개인별 관리를 통한 업무효율성 제고가 사실상 불가능해지는 것이다.

〈표 3〉 하역노무자 노조원의 항만별 평균임금

(단위: 천원)

구분		2000	2001	2002	2003	2004	2005	2006
노조원	부산	1,735	1,850	1,958	2,052	2,144	2,242	2,375
	인천	2,354	2,361	2,638	2,803	3,051	3,257	3,561
	평택	–	2,905	4,247	4,908	5,903	4,998	5,132
	마산	2,721	2,823	3,123	3,255	3,560	3,894	3,925
	울산	3,349	3,678	3,959	4,098	4,262	4,709	5,029
	여수	2,008	1,974	2,078	2,425	2,536	2,840	3,086
	동해	1,606	1,729	1,845	2,039	2,255	2,323	2,794
	군산	2,358	2,424	2,610	2,748	3,014	3,360	3,749
	대산	–	–	2,656	2,420	2,297	3,433	4,281
	목포	1,658	1,772	2,047	2,235	2,238	2,622	2,849
	포항	3,197	3,488	3,679	4,175	4,555	4,653	4,992
	제주	2,126	2,578	2,756	3,173	3,518	3,709	3,732
	전체	2,183	2,344	2,518	2,728	2,933	3,138	3,392
기타분야	전산업	1,727	1,825	2,036	2,228	2,373	2,525	2,667
	운수창고	1,771	1,803	1,666	1,852	1,947	2,121	2,191

출처: 한국항만물류협회,「항만하역요람」, 2007년, p.12.

하역노무의 노동조합은 전국 단위로 확대되어야 노조 본연의 기능이
수행될 수 있다. 왜냐하면 선박들은 노조기능이 약한 항만들을 골라 정
박할 수 있기 때문에 다른 항만의 단위노조들과 협조가 없다면 노조의

목표를 달성하기 어렵기 때문이다. 하역회사와의 관계를 중심으로 '전 국항운노조연맹'의 노무공급체계를 살펴보면 다음과 같다. 항만 하역업 체가 화물의 양, 종류, 선박 규모 등에 따라 필요한 인력을 노조에 요청 하고 노조는 하역사업장에 인력을 배치한다. 공급되는 인력에 대한 임 금 등 공급조건은 노조와 하역업체간의 협약을 통해 결정된다.

[그림 12] 항만인력공급체제의 노사관계 및 단체협약

전국항운노조연맹	전국적·통일적 산별교섭 단체교섭(하역요율인상, 기타 근로조건 협의)	한국항만물류협회
단위항운노조	지역별 산별교섭 임금협약 + 기타 후생협약	지방항만물류협회
각 연락소	인력공급 요청 항만근로자 제공	각 하역회사
연락원(반장)	일상적 협의: 하역작업 지시와 작업방법 업무담당자와의 일상적 고충 협의	현장업무 담당자

출처: 김형태외(2007), p.23.

이 협약의 법적 성격이 무엇인가에 대해서는 역사적으로 많은 변천이 있었고 또 사회적으로 많은 논란이 있어 왔다. 다만 역사적으로 변화하 지 않았던 중요한 특징으로는 하역업체와 하역노무자(노조원) 사이에는 어떠한 고용계약도 없기에 사용자와 근로자의 관계가 성립하지 않는다 는 것이다. 따라서 하역업체는 노조의 근로자에 대해서는 인사권한이 전혀 없으며 인력관리의 업무도 수행할 필요가 없다. 하역노무 근로자 의 입장에서는 근로기준법 상의 사용자가 없기에 사용자로부터 노동관계법령상의 보호를 받지 못한다.

하역노무 노동조합이 하역업체로부터 수령하는 임금총수입은 화주나 선사로부터 받는 하역요율에 따라 결정될 수밖에 없다. 그런데 정부(특히 해양수산부)가 매년 하역요율을 결정하기 때문에 이에 따라 노동자들의 하역임금이 좌우된다. 즉, 어느 해의 항만하역요금이 전반적으로 5% 인상되었다면 하역업체가 화주나 선사로부터 받을 수 있는 하역요금이 5% 인상되었다는 전제하에 노동조합이 하역업체로부터 받는 톤당 임금수준에 대한 협상도 진행하는 것이다.[42] 하역요율의 결정과정은 1980년대의 경우 [그림 13]과 같다.

[그림 13] 1980년대 항만노동의 임금결정과정

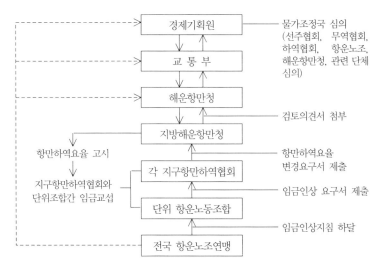

점선(---)은 조정, 건

출처: 김홍섭, 「항만노무론」, 훈련원교재, 한국항만기술훈련원, 1989년, p.75.

---

42) 김형태외(2007), pp.10~11.

[그림 13]과 같이 항만하역요금의 결정에 정부가 일정한 역할을 하기 때문에, 정부는 실질적으로 항만노동자의 임금수준을 결정한다고 할 수 있다. 정부에서 인가한 하역요율의 수준에 따라 항만노동의 임금수준이 결정되는데, [그림 13]에서 보는 바와 같이 정부는 노사의 요구와 기타 다양한 국민경제 사정을 고려하여 항만하역요율을 결정 고시한다. 이러한 사정으로 하역요율의 결정, 노사간의 임금배분 비율을 둘러싸고 노사뿐만 아니라 정부가 개입할 수밖에 없는 구조가 되었다.

하역의 기계화, 화물의 단위화가 진전됨에 따라 하역에 필요한 인력은 하역업체에 고용되어 있는 인력과 임시적으로 활용하는 인력으로 구분되기 시작하였다. 하역업체에 고용된 인력은 영업 등의 업무를 수행하는 일반직과 현장에서 하역작업을 수행하는 기능직으로 구분할 수 있다. 이들 인력은 하역업체가 상용직으로 채용할 수도 있지만 임시직으로 채용할 수도 있을 것이다. 그런데 항만하역업체가 필요로 하는 임시직의 인력들은 노동조합에 소속된 인력이 되어야 한다. 하역업체가 자유로이 임시직을 고용할 수 있다면 노동조합의 통제력은 약화될 것이기 때문이다. 이 때문에 클로즈드샵의 형태가 관행적으로 채택되었던 것이다.

항만하역 노무자들의 노동조합은 사용자단체라 할 수 있는 한국항만물류협회와의 단체협약에서 클로즈드샵(Closed Shop) 조항을 채택하고 있다. 클로즈드샵 조항이란 노조에 이미 가입되어 있는 기존 조합원이 아니면 하역회사의 하역작업에 투입할 수 없다는 단체협약상의 조항을 말한다. 클로즈드샵 조항은 우리나라에서 사실상 하역노동자들의 노동조합이 유일하다. 전국항운노동조합연맹과 한국항만물류협회간에 체결된 단체협약에 의하면 '상용 및 일용노동자의 고용권은 … 회원사가 보유한다. 다만 (항운노조연맹이) 공급하는 근로자에 대하여는 그러하지 아니한다'고

규정하고, '(항운노조연맹의) 작업권에 속하는 업무에 있어서는 (항운노조연맹의) 조합원 외에는 취업기회를 주지 아니한다'고 규정하고 있다.[43]

　노조에 소속된 인력은 하역업체의 기능직과 같이 하역현장의 작업에 직접 투입되는 인력이지만 그 역할은 구분되어 있다. 하역업체에 소속된 기능직 인력은 주로 하역작업 전체를 관장하는 작업감독이나 크레인, 야드 트랙터, 지게차 등을 운전하는 장비 기사다. 반면 노조에 소속된 인력은 하역장비가 수행하는 작업에 육체적인 노동을 제공하는 보조역할의 인력이다.

[그림 14] 하역노무자들의 노동조합이 담당하는 역할

출처: 김형태외(2007), p.9

---

43) 단체협약 제4조 제1항 및 제2항 참조. 김형태외(2007), p.24.

[그림 14]는 노조원인 하역노무자들의 작업내용을 구체적으로 보여주고 있다. 부두에서 화물을 선박에 싣거나 선박에 있는 화물을 부두로 내리는 경우 화물을 고정하여 크레인과 연결한다던지(㉠), 크레인으로 화물 이동시 화물의 균형을 맞춘다던지(㉡), 장비기사와 신호를 주고받는다던지(㉢) 하는 보조작업을 수행하고 있다. 아직 기계화가 이루어지지 않은 작업의 경우 노조 소속 인력이 직접 운반하는 경우도 있다(㉣). 하역종사자의 소속별 구성에서 노동조합의 비중은 1990년대 이후 점차 낮아지고 있다(〈표 4〉 참조).

〈표 4〉 연도별 소속별 하역 종사자 현황

소속별 / 연도별	합 계	하 역 업 체		항 운 노 조 원	
		인 원 (명)	점 유 율(%)	인 원 (명)	점 유 율(%)
1991	27,859	15,324	55.0	12,535	45.0
1994	29,299	17,435	59.5	11,864	40.5
1997	26,437	14,897	56.3	11,540	43.7
2000	23,191	12,396	53.5	10,795	46.5
2003	22,527	11,679	51.8	10,848	48.2
2006	23,875	14,640	61.3	9,235	38.7
2009	19,349	13,067	67.5	6,282	32.5
2012	18,684	12,573	67.3	6,111	32.7
2015	17,914	11,812	65.9	6,102	34.1
2018	19,630	13,641	69.5	5,989	30.5

출처: 한국항만물류협회, 「항만하역요람」, 2019년, p.16.

3. 하역노무의 법적 성격

앞의 절에서 살펴본 하역노무의 다섯 가지 특성을 감안할 때 노동조합의 결성은 매우 자연스러운 현상으로서 전 세계 모든 곳에서 발견되고 있다. 파동성과 불규칙성 그리고 불량한 작업환경 속에서 중노동의 협동작업에 대한 보상이 충분하게 주어지지 않는 사회적 구조 하에서는 이들이 최악의 상황을 모면하고자 노동조합을 결성하여 공급독점력을 확보할 것이다. 그러면 이러한 노동조합은 하역노무자들의 이해관계를 대변하는 순수한 '노동조합'인지, 아니면 노조원의 사용자 기능을 수행하는 '사용자'인지가 불분명하다. 본 절에서는 노동법 체계 내에서 다양한 고용관계를 설명한 후, 하역노무 노조가 어떠한 위치를 차지할 수 있는지 관련 법적 쟁점들을 살펴보고자 한다.

노동관계에 적용되는 특수한 법률로서 노동관련 법규가 등장하기 이전에, 시민법으로서 민법에서는 고용과 도급의 개념을 구분하고 있다. 민법 제655조에 의하면, '고용은 당사자 일방이 상대방에 대하여 노무를 제공할 것을 약정하고 상대방이 이에 대하여 보수를 지급할 것을 약정'하는 경우로 규정하고 있다. 반면 민법 제664조에서는 '도급은 당사자 일방이 어느 일을 완성할 것을 약정하고 상대방이 그 일의 결과에 대하여 보수를 지급할 것을 약정'하는 경우이다. 도급은 도급계약, 업무위탁계약, 용역계약 등의 명칭으로 널리 사용되고 있다.

민법의 규정을 감안할 때 항만노동자들과 하역업체 상호 간에는 도급의 관계가 있다고도 볼 수 있다. 왜냐하면 특정 화물의 하역이라는 일을 완성할 것을 약정하고 그 일의 결과에 대해 임금이 아니라 작업대가를 지급하기 때문이다. 노무자의 수와 상관없이 목표 하역물량을 완성하면 그에 상응한 대가가 지급되고, 동일한 하역물량이더라도 노무자들의 수가 적을수록 더 많은 임금수준을 누릴 수 있다. 이러한 도급(都給)에서는 도급을 제공하는 자, 즉 수급권자(授給權者)가 노무자를 지휘하기에 하역노무의 십장(什長)들이 그 역할을 맡고 있다고 할 수 있다. 그런데 하역노무자들이 십장의 지휘를 받고 있으나 이들 사이에는 어떠한 형태의 근로계약도 성립하지 않기에 도급 여부에 대한 의문이 제기될 수 있다.

근대 노동법은 '근로계약 없이 사용종속관계 없다'는 원칙에서 출발하고 있다. 이에 의하면 십장 중심의 하역노무는 전근대적인 관습으로 이해될 수 있다. 근대 노동법이 이러한 원칙을 취하는 이유는, 고용계약과 사용종속의 관계가 분리되면 사용자에 대한 책임추궁이 어려워지기 때문이다. 만약 고용계약을 체결한 사용주가 근로자를 직접 사용하지 않고 제3자에 의한 지휘감독을 받도록 한다면, 그 제3자에 의한 중간착취, 강제근로, 약취·유인, 인신매매 등 인권침해의 가능성이 높아질 것이다. 고용계약과 사용종속이 분리되어 있는 경우를 간접고용이라고 하여 근대 노동법은 이를 엄격하게 금지하는 것이다.[44]

제2차 세계대전 이전 일본에서는 노무자를 자기지배에 두면서 이들을 필요로 하는 사업체에 공급하는 '인부공급업'이나 '노무도급업'이 건설·항만하역·광산 등의 분야에 상당히 많이 존재하였다. 이들은 근로자공급사업이라고 할 수 있는데, 이들 노무자들은 정규 근로자가 수행하기 어려운 임시·위험작업에 종사하는 경우가 대부분이었다. 제2차 세계대전 후에 미연합군 점령군은 이러한 십장(또는 Labor Boss) 중심의

---

44) 근로기준법에서는 간접고용을 통한 중간착취를 배제하는 규정으로 제9조에서 "누구든지 법률에 따르지 아니하고는 영리로 다른 사람의 취업에 개입하거나 중간인으로서 이익을 취득하지 못한다."고 규정하고 있다.

전근대적 노동관행을 폐지하고자 하였다. 강제근로, 인신구속, 중간착취 등의 폐해를 방지하고 노동관계의 민주화를 위해 직업소개·지도에 대해서는 '국가의 독점원칙'을 준수하고 그와 함께 '근로자공급사업'을 엄격하게 규제하였던 것이다.[45]

일본의 노동관계법을 받아들인 우리나라에서도 1962년에 제정된 직업안정법에서 '근로자공급사업'을 원칙적으로 금지하였다. '누구든지 근로자 공급업을 행하지 못하며 사용자는 그로부터 근로자의 공급을 받아서는 아니된다'고 규정되어 있었다. 근로자공급사업의 금지규정은 사용자책임회피 금지원칙을 의미하는데, 노동력을 실제로 사용하여 이윤을 얻는 자가 노동법상 사용자로서의 책임을 회피함으로써 해당 근로자의 처지가 통상의 고용관계에 비해 열악해지는 것을 방지하고자 하는데 있다. 근로자공급사업을 금지하는 취지를 다음과 같이 정리할 수 있다.[46]

> "첫째, 전근대적인 강제근로와 중간착취의 온상으로서 특정인(labor boss)에 의한 전단적인 근로자 지배로 인한 봉건적 고용관습을 배척하기 위한 취지로 이해하는 견해이다.[47] 즉 중간착취, 강제근로를 배제하고 '노동의 민주화'를 촉진하기 위해 봉건적 고용형태를 금지한 것으로 본다.[48] … 둘째, 근로자공급사업을 금지하는 취지를 공급사업주에 의한

---

45) 이승길(2003), 각주 2, pp.115.

46) 윤애림(2002), pp.206~209.

47) 김형배(1996), p.242; 이병태(2002), p.542.

48) 우리 직업안정법제의 모델이 된 일본 직업안정법은 1947년 미군정 당시에 제정되었다. 당시 일본정부는 직업안정법 제정취지에 대해서는 "본 법안의 규정에 의해 노동조합법에 의한 노동조합이 노동대신의 허가를 받아 행하는 것 이외, 종래 많이 행해져온 근로자공급사업은 중간착취를 행하고 근로자에게 부당한 압박을 가하는 예가 적지 않은 것으로 보여, 노동의 민주화의 정신에서 전면적으로 이것을 금지하도록 하는 것"으로 설명한 바 있다. 이와 관련해서는 당시 미군정이 실시한 이른바 '노동의 민주화' 정책 중 하나로

중간착취·강제근로의 배제뿐만 아니라 근로자가 근로계약 없이 사용사업주에게 노동을 제공함으로써 통상의 근로관계보다 불리한 처지에 놓이는 것을 시정하기 위한 것으로 보는 견해이다.[49] 셋째, 노동법제가 근로자공급사업 및 중간착취를 금지하는 이유를 실질적 사용자가 형식적인 제3자를 개입시킴으로써 노동법상 사용자로서의 책임을 회피하는 사태를 금지하기 위한 것으로 이해하는 견해이다."[50]

근로자공급사업의 금지는 노동조합에 대해서도 예외없이 적용되어야 하지만, 1967년에는 기존의 금지조항이 개정되어 노동조합에 대해 예외를 허용하였다. '다만, 노동조합법에 의한 노동조합이 노동청장의 허가를 받아 무료의 근로자 공급사업을 행할 때에는 예외로 한다.'고 개정되었던 것이다. 1961년에 제정된 '직업안정법'은 1989년에 '직업안정 및 고용촉진에 관한 법률'로 개정되었으나 1994년에 다시 '직업안정법'으로 개정되었는데, 2019년 현재까지도 이러한 규정은 유지되고 있다.

노동조합에게 근로자공급사업 금지규정의 예외를 인정한 취지는 무엇인가? 김형배(1996)는 사실상 광범위하게 존재하고 있는 근로자공급사업을 전면금지하면 종래의 노동력수급체계에 많은 지장을 주게 되고, 항만하역에서 근로자공급에 대한 수요가 있음에도 불구하고 합법적으로 인정하지 않는다면 위법한 근로자공급사업이 만연할 우려가 있는 점을 들고 있다.[51] 그러나 이승욱(2002)은 보다 설득력 있게 설명하였는데,

---

서 건설·토목업 등에 만연하고 있었던 인부공급업을 금지하려 했던 것의 영향이 컸다고 평가된다(高梨昌 편저, 「詳解勞働者派遣法」, 日本勞働協會, 1985, p.83)

49) 이영희, 「노동법」, 2001, 법문사, p.400; 임종률, 「노동법」, 제3판, 박영사, 2002, p.565.

50) 윤성천(1996), pp.151~157.

51) 김형배(1996), pp.249~250.

근로자공급사업 금지의 원칙적인 배경이 된 중간착취가 —적어도 이론적으로는— 노동조합에서는 나타나지 않을 것으로 보았기 때문이다.[52]

근로자공급에서는 공급사업자와 근로자 사이에는 '고용 기타 유사한 계약에 의하거나 사실상 근로자를 지배하는 관계'가 있어야 한다. 대법원은 "근로자공급사업에 해당하기 위하여는 공급사업자와 근로자간에 고용 등 계약에 의하거나 사실상 근로자를 지배하는 관계가 있어야 하고 공급사업자와 공급을 받는 사용사업자간에 제3자의 노무제공을 내용으로 하는 공급계약이 있어야 하며 근로자와 공급을 받는 자간에는 사실상 사용관계가 있어야 한다"고 판시하고 있다.[53] 하역노무의 경우에는 노조와 노무자 사이에 근로계약이 존재하지 않는다면 근로자공급사업의 법적 자격도 갖추지 못한 것이라 할 수 있다. 여기서 항운노조의 딜레마가 나타나는 것이다.

그런데 우리나라는 외환위기 이후 1998년에 '파견근로자 보호등에 관한 법률(이하 파견법)'을 제정하면서 1961년 직업안정법이 제정된 이래 유지되어온 간접고용 금지 원칙을 보다 신축적으로 해석하기 시작하였다. 파견법의 규정에 의하면, '근로자파견이라 함은 파견사업주가 근로자를 고용한 후 그 고용관계를 유지하면서 근로자파견계약의 내용에 따라 사용사업주의 지휘·명령을 받아 사용사업주를 위한 근로에 종사하게 하는 것'이다. 여기서 파견대상 업무는 원칙적으로 '전문지식·기술이 필요한 업무' '일시적 인력확보의 필요성이 필요한 경우'로서 그 허용기간을 제한하고 있다. 그리고 파견법은 하역노무의 노동자조합에 의해 이루어

---

52) 이승욱(2002), p.27.

53) 윤애림(2002), pp.200~203 참조. 대법원 1999. 11. 21. 선고 99도3157 판결; 대법원 1994. 10. 21. 선고 94도1779 판결; 1985. 6. 11. 선고 84도2858 판결 등.

지는 근로자공급사업을 파견대상 업무에서 제외하고 있다.

다음의 [그림 15]는 근로자공급사업과 근로자파견사업을 비교하여 보여주고 있다. 그림에서 보듯이 근로자공급이건 근로자파견이건 근로자는 사용사업자와는 사용종속관계에 있다. 그리고 공급사업자와 사용사업자 사이에는 근로자공급계약이, 파견사업자와 사용사업자 사이에는 근로자파견계약이 체결된다. 마지막으로 공급사업자와 파견사업자는 모두 근로자와 고용계약 또는 근로계약을 체결하여야 하지만, 근로자공급사업자는 대부분 노동조합이기 때문에 고용계약 없는 지배관계도 인정하고 있다. 근로자공급에서는 공급사업자와 근로자 사이에는 '고용 기타 유사한 계약에 의하거나 사실상 근로자를 지배하는 관계'가 있어야 하지만, 파견에서는 '고용관계를 유지'할 것이 요구된다.[54]

[그림 15] 근로자공급사업과 근로자파견사업의 비교

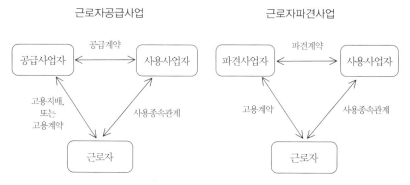

---

54) 윤애림(2002), pp.200~203.

그런데 [그림 15]에서 보듯이 공급계약과 파견계약의 차이, 고용지배와 고용계약의 차이가 무엇을 의미하는지에 따라 근로자공급사업인지 근로자파견사업인지의 여부가 구분될 수 있을 것이다. 그리고 기업에 고용된 근로자에 대해서는 고용주가 당해 근로자의 행위에 대해 지휘감독권을 행사하는데, [그림 15]에서 의미하는 '사용종속관계'는 이러한 지휘감독권과 구체적으로 어떠한 차이가 있는지를 구분하는 기준이 존재해야 할 것이다.

근로자공급사업, 근로자파견사업뿐만 아니라 민법상의 도급도 서로 구분할 필요가 있다. 민법상 도급은 '당사자 일방이 어느 일을 완성할 것을 약정하고 상대방이 그 일의 결과에 대하여 보수를 지급'하는 것으로 노무제공이 아니라 일의 완성을 목적으로 하기에 근로자공급, 근로자파견과 다르다. 도급에서는 근로자에 대한 지휘감독권이 도급을 제공하는 자, 즉 수급권자(授給權者)에게 있는데, 왜냐하면 도급에서는 수급업자가 근로자와 고용계약을 체결하고 있기 때문이다.

법률적으로 근로자공급, 근로자파견 그리고 도급을 구분할 때에는 '노무관리의 독립성'과 '사업경영의 독립성'이 중요한 판단 근거가 된다. 사업자가 근로자를 고용하는 지위에 있기 위해서는, 당해 사업자는 '노무관리의 독립성'과 '사업경영의 독립성'을 보유하고 있어야 한다. 여기서 '노무관리의 독립성'이란 사업자가 근로자를 직접 지휘·감독하는지를 의미하는 기준이며, '사업경영의 독립성'이란 사업자가 자기경영의 책임을 부담하는지를 의미하는 기준이다. 도급과 근로자공급사업의 구분 기준은 '국내근로자공급사업 허가관리규정'(노동부 예규 제456호) 제2조에서, 도급과 근로자파견을 구분하는 기준은 '근로자파견사업과 도급 등에 의한 사업의 구별기준에 관한 고시'(노동부고시 제98-32호) 제3조에서 규정하고 있다.

근로자들은 어떠한 형태의 근로계약을 체결하든 명시적 혹은 묵시적인 근로계약을 체결해야만 근로자의 지위를 인정받고 권리를 행사할 수 있다. 근로기준법 제17조에 의하면 근로계약을 체결할 때에 임금, 근로시간, 휴일, 연차 유급휴가 및 기타 근로조건을 명시해야 한다고 되어있다. 따라서 근로계약을 체결하고 이와 동시에 근로조건을 명시해야만기업측의 근로조건 위반행위로부터 보호받을 수 있고 임금, 퇴직금, 각종 복리후생, 임금채권의 우선변제, 4대 보험(산재보험, 국민연금, 건강보험, 고용보험) 등의 혜택을 받을 수 있는 것이다.

이제 하역노무자들의 노조는 위 관계 중 어디에 해당하는가를 생각해보기로 한다. 노조원은 하역회사와 근로계약을 체결하지 않고 있다. 실제로 대법원 판례에서는 하역회사와 노조원 사이에 명시적 또는 묵시적근로계약이 체결되지 않았기 때문에 근로기준법의 적용여지가 없으며이에 따라 하역노무 노조원은 퇴직금의 지급대상이 아니라고 판시하고있다.[55] 임금채권의 우선변제에 대해서도 노조원에 대한 작업비는 근로기준법상의 임금에 해당하지 않기 때문에 우선변제의 대상이 되지 않는다고 판시하고 있다.[56] 한편 산재보상금의 청구와 관련하여서도 하역업체의 사용자적 기능이 부정되고 있다.[57]

그런데 하역노무자와 노동조합 사이에서도 명시적인 근로계약이 체결되지 않고 있다. 그러면서도 노조가 근로자공급사업을 하고 있기 때

---

55) 대판 1980. 12. 9, 79다2149.
56) 대판 1987. 2. 10, 86다카1949.
57) 대판 1996. 3. 8, 94누15639.

문에, 하역노무자의 실질적인 사용자는 하역회사가 아니라 노조라고 할 수 있다. 대법원의 판결에 의하면 "조합이 각 하역업체로부터 정기적으로 노무를 제공한 조합원들에게 대한 임금을 일괄 지급받은 다음 그 중에서 조합비 등을 공제한 나머지를 각 조합원에게 분배하여 왔다면 다른 특별한 사정이 없는 한 위 조합의 조합원은 조합에 가입하거나 등록함으로써 위 조합과의 사이에 조합의 지시 감독 아래 각 하역업체에게 노무를 제공하고 그에 따른 대가를 지급받기로 하는 내용의 근로계약관계를 맺은 근로자에 해당한다"고 지적하고 있다.[58]

법적으로 볼 때 하역노조원과의 관계는 조합원과 노동조합의 관계가 아니라 근로자와 사용자의 관계라는 것이다. 실제로 항운노조는 일용 항만노동자에 대한 채용권, 배치권 등 노무지휘권을 사실상 독점적으로 행사함으로써 인력공급업을 영위하는 사용자로서 일정한 기능을 수행하고 있다고 할 수 있다.[59]

하역노조는 근로자파견사업주와 유사하기도 하다. 근로자파견사업주는 파견근로자 보호 등에 관한 법률의 적용을 받아 근로자파견을 사업으로 행하는 사업자를 의미한다. 하역노조는 하역회사로부터 근로자 파견요청을 받아 소속 조합원을 파견하고 있다는 점에서 근로자파견 사업주와 유사하다. 그러나 노조는 근로자파견 사업주와 다음과 같은 점에서 상이하다. 따라서 노조가 근로자파견 사업주와 유사한 성격을 갖고 있기는 하지만, 법적으로는 근로자파견 사업주와는 상이하다고 할 수 있다.[60]

---

58) 대판 1996. 3. 8, 94누15639. 같은 취지로 대판 1998. 1. 20, 96다56313.

59) 김형태외(2007), p.19.

60) 김형태외(2007), pp.20~21.

첫째, 근로자파견 사업주는 근로자를 먼저 고용한 후 고용관계를 유지하면서 당해 근로자를 사용사업주에게 파견한다. 이에 반해 하역노조는 노조원과 고용관계에 있지 않다. 고용관계에 있기 위해서는 근로계약을 체결해야 하지만, 노조는 조합원으로 하역노조에 가입해 있는 것이지, 근로자파견사업과 같이 하역노조와 고용관계에 있지 않다. 둘째, 상시 5인 이상의 근로자를 사용하는 근로자파견사업자는 고용하는 근로자(파견근로자)에게도 고용보험, 국민연금, 산업재해보상보험 및 국민건강보험에 가입해야 한다. 그러나 하역노조는 소속 조합원에 대해 이러한 의무를 지지 않는다.

셋째, 근로자파견 사업주는 파견근로자를 '근로자파견계약'에 의하여 특정 사업주에게 파견한다. 이에 반해 하역노조는 하역회사와 어떠한 파견계약도 체결하지 않고 소속 조합원을 파견한다. 하역노조가 소속 조합원을 하역회사에 파견(공급)할 수 있는 근거는 하역노조와 항만물류협회간에 맺어진 단체협상에 기인한다. 넷째, 근로자파견사업의 경우 파견근로자는 사용사업자의 지휘명령을 받아 근로에 종사한다. 이에 반해 하역노조원은 하역회사의 지휘감독을 받지 않는다. 하역노조로부터 지휘감독을 받는 것이다.

다섯째, 파견근로자가 특정 사업주에게 파견되어 근로를 제공하는 파견기간은 일시적 간헐적이며, 1년을 초과하지 못하게 되어 있다. 그러나 하역노조원은 하역회사 집단에 연속적으로 파견 사용되며, 1년 이상의 기간도 파견된다. 그리고 파견근로자를 사용하는 사업주는 파견근로자에 대해 2년을 초과하여 계속적으로 사용할 경우 파견근로자를 직접 고용해야 하는 의무를 진다. 그러나 하역노조원은 2년을 초과하여 하역업체에 사용된다 하더라도 하역업체에 의한 직접고용의 대상이 되지 않는다.

하역노조가 하역회사로부터 근로자의 파견을 요청받아 소속 조합원을 파견한다는 점에서 직업소개소도 유사한 성격을 갖는다.[61] 그러나 직업소개소와 하역노조는 다음의 점에서 상이한 특성을 갖는다. 첫째, 직업소개란 구인 또는 구직 신청을 받아 구인자와 구직자간에 고용계약의 성립을 알선하는 행위이다. 그리고 직업소개사업은 근로자로부터 구직신청을 받아 당해 구직자가 기업에 취직되도록 소개하는 행위로 구직은 종료된다. 즉 직업을 소개하여 당해 구직자가 취업됨으로써 소개사업이 종료된다. 이에 반해 하역노조는 조합원에 대해 특정 하역회사와 근로계약을 체결하도록 알선활동을 행하는 것이 아니다. 하역회사의 요청에 의해 일정기간 근로를 제공하도록 현장에 파견을 명령하고 작업을 지휘한다.

둘째, 직업소개를 받아 특정 기업에 취업하는 근로자는 취업된 기업과 근로계약을 체결하며 임금을 직접 수령하고, 근로시에는 기업으로부터 작업지휘를 받는다. 즉 작업에 대한 지휘감독권을 기업이 행사하는 것이다. 그러나 하역노조원의 경우에는 하역노조가 하역회사로부터 직접 임금을 지급받고 그 중 조합비를 제외한 나머지를 조합원에게 배분한다. 그리고 작업장에 대한 파견명령, 지휘감독을 모두 하역노조가 행사한다.

우리나라 대법원은 하역노무자가 하역업체인 사용업체과 근로계약관계가 존재하지 않고, 또 하역노무자와 하역노조 사이에 묵시적인 근로계약관계가 존재한다고 보았다. 그 이유에 대해서는 다음과 같이 설명

---

61) 김형태외(2007), p.21.

정리할 수 있다.

> "(대법원이) 항운노조 조합원과 사용업체 사이에 근로계약관계가 존재
> 하지 않는다고 본 이유는 ① 채용·인사이동·해고 등 인사관리를 항운노
> 조가 독자적으로 하는 점, ② 작업배치·작업방법에 관한 직접적 지휘감
> 독을 항운노조가 임명한 작업반장이 수행하는 점, ③ 항운노조가 하역작
> 업비를 수령하여 조합원에게 매달 지급하는 점, ④ 항운노조가 근로자공
> 급사업 허가를 받아 조합이름으로 사업자등록을 하고 조합원들의 근로소
> 득세를 원천징수하며 의료보험에 가입한 점, ⑤ 공급된 근로자에게 적용
> 되는 취업규칙이 없는 점, ⑥ 작업물량이 없을 경우 조합지시에 따라 타
> 회사의 사업자에서 근로하기도 하는 점 등이다.
> 　반면 ① 사용자가 공급된 근로자에 대해 징계를 요구할 수 있고 정당한
> 사유가 없는 한 항운노조는 이에 응해야 하는 점, ② 항운노조와 사용자
> 단체가 협의하여 결정하는 하역노임협정표에 따라 하역작업비가 지급되
> 는 점 등은 (대법원이) 사용종속관계의 지표로 인정되지 않았고, ③ 조합
> 원들이 매일 일정한 시간에 출근하여 사용자가 고용한 담당직원으로부터
> 당일의 작업지시를 받고 작업종료지시가 없으면 귀가할 수 없었던 점은
> 노무를 제공받는 자로서 통상적으로 할 수 있는 지시라고 보았다.
> 　그리고 ① 조합원은 조합규약에 근거하여 조합의 지시명령에 복종할
> 의무가 있고, 조합의 작업지시에 불복하여 작업질서를 문란하게 하는 경
> 우 징계나 제적 등을 받게 되어 있는 점, ② 조합의 작업지시에 따라 노무
> 를 제공하는 점, ③ 작업비를 조합이 일괄수령하여 조합비 등을 공제하고
> 매월 조합원에게 분배하는 점 등을 이유로 항운노조와 조합원 사이에 근
> 로계약관계가 존재한다고 보았다."[62)

　항운노조원은 하역회사에 실질적인 근로를 제공하고 있으나, 근로계

---

62) 윤애림(2002), pp. 215~216.

약을 체결하지 않고 있기 때문에 항운노조원이나 항운노조는 하역회사
와 단체교섭의 대상이 아니다. 대법원 판례에서도 이러한 사실을 인정
하고 있다. 단위 항운노조가 개별 하역업체에 대하여 신청한 단체교섭
을 하역업체가 거부한 것이 부당노동행위에 해당하는지 여부에 대하여,
대법원은 항운노조원이 '명시적 또는 묵시적 근로계약'을 체결하지 않았
기 때문에 하역업체는 근로계약의 당사자가 아니고 따라서 단체교섭의
상대방이 될 수 없다고 일관되게 판시하고 있다.[63]

물론 우리나라에서는 하역노조인 '전국항운노조연맹'과 한국항만물류
협회, 항만별 '항운노조'와 항만별 항만물류협회는 사실상 단체협약을
체결하고 있다. 그러나 이는 어디까지나 관행에 의한 것으로 보아야 한
다. 한국항만물류협회와 '전국항운노조연맹'은 일종의 기본협약으로서
단체협약서를 체결하여 '항운노조원'의 근로조건에 관한 기본적인 틀을
규율해왔다. 그리고 구체적인 근로조건은 '항운노조연맹' 산하의 항만별
로 조직되어 있는 산업별 단위노동조합과 산업별 사용자단체 사이에 완
전한 형태의 산업별 단체협약이 체결되고 있다. 이러한 측면을 감안하
면 하역노조는 노동조합 본연의 기능을 동시에 수행하고 있음을 알 수
있다. 즉 '항운노조'는 한편으로는 노동력의 배타적 독점적 공급권을 가
진 사업주로서, 다른 한편으로는 항운노조원의 사회경제적 지위의 향상
을 위한 노동조합으로서 이중적인 기능을 수행해왔다고 할 수 있다.

이러한 이중적 기능 때문에 항운노조는 한편으로 사용자와의 협상을
통해 노동자들의 권익을 향상시키는 임무를 추구하고, 또 다른 한편으
로는 근로자공급사업의 주체로서 사업경영상의 책임도 부담해야 한다

---

63) 대판 1995. 12. 22. 95누3565; 1996. 3. 8. 94누15639; 1996. 6. 11. 96누1504; 1997.
   9. 5. 97누3644.

는 요구를 받고 있다. 노동자들의 권익향상을 위해 항운노조는 노동조합 특유의 균등배분이라는 원리를 추구하겠지만, 사업경영상의 책임을 부담하기 위해서는 성과배분이라는 원리를 받아들일 수밖에 없다. 항운노조는 스스로 이러한 딜레마를 해결하지 못하고 있으며, 또 우리나라 노동관련법 체계도 이러한 딜레마를 방치하고 있다. 결국 경제적 현실이 법이론의 이상과 부합하지 않고, 또 법체계가 경제현실의 발전방향을 제시하지 못함으로써 법적 혼란이 여전히 지속되는 상황이라고 할 수 있다.

Ⅳ. 항만하역 고용관계의 시대별 변천

1. 세습적 신분제도의 채택과 붕괴 (개항 이전의 중세사회)

우리나라의 전근대적인 납세제도는 중국의 전통적 세제에 따라 조(祖), 용(庸), 조(調)를 구분하였다. 조(祖)는 토지를 대상으로 하는 곡물의 징수를, 용(庸)은 인부(人夫)를 대상으로 노동력의 징발을, 조(調)는 가호(家戶)를 대상으로 특산물 등 공물(貢物)의 징수를 각각 의미한다. 용의 대상인 노동력은 역(役)으로도 불리는데, 이 역은 다시 군역(軍役)과 요역(徭役)으로 구분된다. 군역은 16~60세 양인 남자가 군대에 가는 신역(身役)인 반면, 요역은 특정 개인이 아니라 가호(家戶)에 부정기적으로 징발하던 노동력을 의미한다.

조선시대에 육상운송은 역마(驛馬), 수상운송은 조운(漕運)이라 불렀다. 조운은 현물조세를 선박에 의하여 해안 혹은 하천을 경유, 지방에서 왕도로 운수하는 조직을 말한다. 이러한 형태의 조직은 화폐경제 혹은 유통경제가 발달하지 않아 조세의 물납이 보편화된 시대에 주로 나타난다. 화폐경제가 발달하지 않은 현물납세제 하에서는 양곡과 공물의 운송이 정부의 핵심적인 행정으로서 국영사업이었다고 할 수 있다.[64]

조운제를 구성하는 주요 요소는 조창, 조운선, 조졸이라 할 수 있다.

조운에서는 수납된 세곡(稅穀)을 보관하는 창고를 조창(漕倉), 해로 또는 수로로 운반하는 선박을 조선(漕船), 그리고 창고 입출고와 선박 입하역에 종사하는 인부를 조졸(漕卒)이라 하였다. 조운에 직접 종사하는 자들은 사공(沙工), 격군(格軍), 조군(漕軍), 수부(水夫) 등으로 구분되었는데, 이들을 통칭하여 조졸이라고 하였다.

조선시대에는 지역별로 9개의 조창(漕倉)이 존재하여 고려시대의 '13조창제'에 대비하여 '9조창제'라고 부른다.[65] 각 조창에 수납된 세곡은 모두 경창(京倉)으로 집결되었는데, 경창이란 서울 남부 한강변에 설치된 중앙창고를 말한다. 조창(漕倉)에는 조선(漕船)과 조졸(漕卒)이 배속되어 조창을 중심으로 조운활동이 이루어졌다. 각지의 조창(漕倉)에서 이루어지는 세곡(稅穀) 징수에서 상납까지의 제반 업무는 각 도의 관찰사가 지정한 군현(郡縣)의 수령이 현장 책임자로서 감독을 하였다. 각 조창의 구역에 임지(任地)를 둔 수령들은 ① 각 군현에서 조창으로의 세곡 수납, ② 수납한 세곡의 조선(漕船)으로의 적재, ③ 조운선단(漕運船團)의 운항이라는 세 단계의 작업을 지휘 감독하였다.[66]

조운의 운영방식은 크게 두 가지로 나뉘어진다. 하나는 관선조운(官船漕運) 또는 공선조운(公船漕運)으로서, 이는 세곡 운송에 필요한 선박과 노동력을 모두 정부가 확보하여 운반하는 방법이다. 또 다른 하나는 사선조운(私船漕運)으로서 정부가 선박업자에게 위임하는 방법으로서 운송

64) 대동법에 일생을 바친 조선 최고의 경세가로 평가되는 김육(金堉)은 '漕運 國事之中 最重者也'라고 하였다(최완기(1976), p.394).

65) 경국대전에서 확인되는 9개의 조창은 공세곶창(아산), 가흥창(충주), 흥원창(원주), 소양강창(춘천), 금곡포창(백천), 조읍포창(강릉), 영산창(나주), 법성창(영광), 덕성창(용안) 등과 같다(최완기(1976), p.404).

66) 한정훈(2014), p.13.

에 대한 대가를 지불하는 방법이다. 사선소유자들은 어업, 상업, 도선업
(渡船業)에 종사하는 사람들이었다.

고려시대 이래로 조운활동은 관선(官船)을 전제로 하면서 종종 민간에
서 소유한 사선(私船)을 활용하였다. 관선의 확보와 관리가 용이하지 않
을 때에는 사선을 활용하는 빈도와 비중이 높았다. 고려 후기 조운제의
내부적인 모순과 원조(元朝)와 왜구의 약탈로 조창(漕倉)의 기능이 약화
되면서 사선(私船)이 동원되는 사례가 증가하였다. 고려말 조운이 원활
하지 못하여 '고려조정에서는 백관의 녹봉을 지급하지 못하거나 삭감해
야 했고, 심지어 왕 자신도 하루에 한번만 식사를 해야 할 정도였다.
뿐만 아니라 녹봉배급과정에선 살인까지 나타났고 개경(開京) 시중의 미
가(米價)는 폭등하였다.'고 기록되어 있다.[67] 따라서 여말선초(麗末鮮初)
에는 조운제의 재정비가 전제개혁(田制改革)과 함께 중요한 과제가 되었
던 것이다.

고려 말엽 공민왕대에는 병선(兵船)이 조운선단(漕運船團)을 호송하도
록 하였고 공양왕대부터는 아예 선군(船軍)이 승선한 병선(兵船)이 조운
활동에 다수 동원되었다.[68] 조선조에 들어와서도 선군(船軍)이 조군(漕
軍)의 역할을 동시에 수행하는 조전선군(漕轉船軍)이 시행되고 있었다.
요즈음 용어로 해군이라 할 수 있는 선군(船軍)은 원래 해상방어의 임무
만을 수행하였으나 여말선초(麗末鮮初) 왜구의 출몰이 잦아지자 한편으
로는 국방 다른 한편으로는 세곡운송에 참여하였던 것이다.

조선초기 태종대에는 중앙집권적 정치체제가 정비되면서 정부는 관
선조운(漕運)을 적극 정비하기 시작하였다. 이러한 노력으로 태종대에는

---

67) 최완기(1976), p.398 참조.
68) 한정훈(2014), pp.8~9.

세곡운송에서 관선조운의 비중이 크게 증가하였는데, 태종 12년에는 전
라도가 운송해야 할 세곡 7만석 중 5만석은 관선조운으로 나머지 2만석
은 사선조운으로 처리하였다는 사실에서 알 수 있다.[69] 그런데 태종대
에 이르러 왜구가 종식되고 있었지만 여전히 선군(船軍)의 조운참여는
당연시되는 현상이 나타났다.[70]

세조 6년에는 관선조운 정책을 더욱 강화하고자 조선(漕船) 100척을
건조하였고, 세곡수송과 국방강화라는 양면효과를 기대하며 병조선제
도(兵漕船制度)를 도입하였다. 이는 병선(兵船)을 조선(漕船)으로 개조하
여 조운(조선)과 국방(병선)에 겸용하도록 하는 것이었다. 그런데 세조대
에 다시 해상방어의 필요성이 재인식되면서 선군(船軍)이 조운에 참여하
는데 대한 비판적 인식이 높아졌다[71] 성종 대에는 조운을 담당하는 병
력을 조군(漕軍)이라고 구분하여 세곡운송을 전담하도록 하는 조선조운
(漕船漕運)의 원칙을 확립하였다. 해상방어의 기능과 세곡조운의 기능을
분리하여, 선군(船軍)은 병선(兵船)으로 해상을 방어하도록 하고 새로이
확보된 조군(漕軍)은 조선(漕船)으로 조운의 임무를 수행하도록 한 것이
다. 이처럼 조군(漕軍)은 조선시대에 조운정책이 조선조운(漕船漕運)으로
확립되면서 등장한 것이었다.[72]

성종대에 이르러 조운(漕運)만을 전담하는 조군(漕軍)의 역할을 중요
하게 인식하여 성종 5년에는 5,960명의 조군(漕軍)을 확보하여 2년으로
교대 휴식하도록 하였다.[73] 이 규모는 그대로 확정되어 경국대전(經國大

---

69) 김용곤(1983), p.83 참조. 원문은 「태종실록」, 권 24, 태종 12년 11월 甲申 참조.
70) 김용곤(1983), p.83.
71) 김용곤(1983), p.84 참조.
72) 김용곤(1983, p.88)에 의하면 조군에 대한 구체적인 모습은 「성종실록」, 권 21, 성종
    3년 8월 丁丑에 등장한다.

典) 병전(兵典) 조군조(漕軍條)에 그대로 반영되었다. 조군의 확보는 조선조운(漕船漕運)이라는 정책의 성패를 좌우한다고 하여도 과언은 아니었다. 그러나 조창, 조운선, 조군이라는 조운제의 3가지 요소 중에서 특히 조군의 확보는 매우 중요하였지만 쉽게 해결하지 못하였다.[74] 해군으로서 선군(船軍)이 조운 외에도 잡다한 역에 동원되면서 세종 이후에는 선군(船軍)의 역이 더욱 고되어 피역(避役)하거나 대역(代役)하는 현상이 일반적으로 나타났다. 이는 조운제 운영에 근본적인 어려움을 제기하는 것이었다.[75]

김용곤(1983)은 조군에게 가해지는 부담을 7가지로 구분하여 그 역이 매우 가혹하였음을 지적하고 있다. 이들은 ① 입번(立番)의 과도함, ② 보인지급(保人支給)의 열악과 허구화, ③ 조운시에 발생하는 패선(敗船) 사고와 이에 수반되는 경제적 형벌적 고통, ④ 관료들의 세미수탈(稅米收奪), ⑤ 과중한 모미(耗米) 부담, ⑥ 조선(漕船)의 관리소홀에 대한 책임, ⑦ 잡역과 공부(貢賦)의 불면제(不免除) 등으로 인하여 조군확보와 그 유지는 점차 어려운 실정에 처하게 되었다.[76] 조선 전기 무렵 조군뿐만 아니라 수군(水軍)도 그 역이 과중하여 천역(賤役)으로 간주되었는

---

73) 김용곤(1983), p.89.

74) 조졸(漕卒)이라는 용어보다는 조군(漕軍)이라는 용어가 더 일반화되어 있기에, 이하에서는 조운에 참여하는 노동력을 모두 조군이라는 용어로 사용하고자 한다.

75) 최완기(1976), pp.419~426.

76) '① 입번(立番)의 과도함'이란 교대근무에 따른 휴식기간이 짧은 것을, '② 보인지급(保人支給)의 열악과 허구화'란 조군(漕軍)의 보수를 담당하던 보인(保人)의 수를 줄이는 것을, '⑤ 과중한 모미(耗米) 부담'이란 곡식을 쌓아둘 동안 축이 날 것을 미리 셈하여 계산한 모미(耗米)를 조군에 전가(轉嫁)하는 것을, '⑦ 잡역과 공헌의 불면제'란 고을 수령들이 조군에게 허용된 잡역과 공부(貢賦)의 합법적 면제를 지키지 않는 일을 각각 의미한다. 김용곤(1983), pp.90~95 참조.

데, 수군보다 그 역이 더 무거운 조운역(漕運役) 역시 천역시되기 시작
하였다.[77]

원래 조군(漕軍)은 양인에게 부과되는 군역(軍役)의 일환으로서 양역
(良役)이었다. 따라서 조정은 양역 대상자 중에서 조군을 일방적으로 선
발 부과할 수 있었다. 그러나 조군역(漕軍役)이 현실적으로 과중한 것이
어서 가산을 탕진하는 사례가 빈발하며 큰 사회문제로 대두되었다. 또
선발된 조군도 조군역에서 벗어나고자 대역(代役)으로 군역을 해결하는
움직임이 나타나고 있었다. 성종 당시에는 수포(收布)로서 군역을 해결
하는 것이 일반화되고 있었기에, 조군에서도 이러한 대역화 현상이 나
타나지 않을 수 없었다. 조졸의 신분은 양인이었지만 천역에 종사한다
는 의미로 신량역천(身良役賤)의 계층으로 불리었다. 현실적으로는 거의
불가능한 일이었지만, 법률적으로는 과거에 응시할 수도 있었고 또 상
직(賞職)도 받을 수 있었다.[78]

> "조군에 일단 충정(充定)되면 사지(死地)로 가는 것으로 여길만큼 조군
> 역(漕軍役)의 무거움은 사회전체적으로 인식되고 있었다. 이런저런 시책
> 에도 불구하고 조군의 확보와 그 유지는 갈수록 어려워지고 있었다. 바로
> 여기에 조군(漕軍) 확보의 방안으로 가장 강압적인 그래서 그 역(役)을
> 천역(賤役)으로 확정케 한 조처가 마련되는 이유가 있다고 본다. 그것이
> 곧 '세전기역(世傳其役)'이라는 법으로서 일단 조군에 확보되면 그 자손
> 은 대대로 고역(苦役)을 계승토록 하는 조처였다. 조군 입역대상자(立役
> 對象者)들이 다투어 빠져나가는 상황에서 국역(國役)에 근거한 조운운영
> 을 유지하기 위해서는 다른 방도가 없었다. 세전기역의 원칙은 적어도

---

77) 김용곤(1983), p.89
78) 최완기(1976), p.410

성종 16년 이전에 만들어져 을사년대전(乙巳年大典)에 반영되었던 것으로 보인다."[79]

세조대와 성종대에서 관선조운(官船漕運)에 사선(私船)을 겸용하자는 주장이 곧잘 제기되기도 하였다. 세조대에는 선군(船軍)이 조운에 참여하는데 대한 비판적 인식이 높아지면서, 또 성종대에는 조군의 확보가 어려워지면서 사선조운(私船漕運)의 필요성이 제기되었던 것이다. 그러나 이를 반대하는 측에서는 막대한 재정부담을 이유로 내세웠다. 반면 찬성하는 측에서는 관선조운(官船漕運)의 동기가 선가(船價)의 절감에 있지만 결국은 그 폐해가 이득보다 더 크다는 것이었다. 심지어는 관선조운(官船漕運)이 선가(船價) 비용의 절약에 있지만 이 선가(船價)가 국민들에게 주어지는 것이기에 결국은 국민들에게 이득을 주는 것으로 나쁜 것이 아니라고 주장하기도 하였다.[80] 그러나 당시에는 사선겸용론(私船兼容論)이 채택되지 않았는데, 관선조운에서는 신분층에 따라 부과되는 역(役)이라는 세금을 재정부담 없이 활용할 수 있었기 때문이다. 이는 화폐경제가 발달하지 않은 상태에서 나타나는 경제적 인식의 한계라 할 수 있을 것이다.

그런데 막대한 재정부담이라는 인식에도 불구하고 사선조운의 필요성이 거듭 제기된 이유는 패선사고(敗船事故)를 막을 수 있다는 사실 때문이었다. 사실 조운(漕運)과 관련한 가장 심각한 문제는 패선사고(敗船事故)였는데, 패선사고로 인해 국가재정의 손실이 나타날 뿐만 아니라 많은 선군(船軍)들이 희생됨으로써 사회적으로 큰 문제가 되었다. 이러

---

79) 김용곤(1983), pp.99~100.
80) 관련 원문은 「성종실록」, 권12, 성종 2년 10월 乙未. 김용곤(1983), p.98 참조.

한 해난사고들은 기상조건의 악화, 조선과 항해술 부족이라는 불가피한 현실보다는 첨재(添載), 과적(過積) 등 담당 관원과 조군들의 부패, 부주의, 심지어는 고의적으로 이루어지는 일이 많았다고 한다. 천재(天災)보다는 인재(人災)적인 성격의 해난사고는 조선후기로 갈수록 더 심화되는 경향을 보였다.[81] 파선이 빈번하게 나타났던 관선과 달리 사선(私船)에서는 해수로에 익숙하여 패선사고가 거의 발생하지 않았다고 한다.[82]

관선조운의 원칙에도 불구하고 16세기부터 조선시대 조운제에서 세곡(稅穀)의 사선(私船) 임운(賃運)활동이 점차 활기를 띠기 시작하였다. 민영조선업을 바탕으로 꾸준히 성장해 온 민간선운업자들이 조운활동의 주도권을 확보하게 되었고, 16세기 초반인 중종 말년에는 공식적으로 세곡(稅穀)의 사선운임을 채택하기에 이르렀던 것이다. 임진왜란 이후 17세기에는 조창 수납지역이 대폭 축소되어 국가가 직영하는 조운제가 유명무실하게 되었다. 조창제의 기능이 약화되면서 다수의 고을들은 조창으로 수납하지 않고 빌린 선박을 이용하여 경창(京倉)으로 직접 운송하는 형태를 취하였다.[83]

대동법(大同法)의 시행으로 대동미(大同米)도 사선(私船)이 임운(賃運)함에 따라 선운업계는 더욱 성장하게 되었다. 사선업자들은 조운의 경험을 살려 상업활동을 확대하였는데, 연안해로 또는 내륙수로를 통하여 미(米), 염(鹽)의 판매활동에 적극 참여하였다. 특히 16세기 이후 지방시(地方市)가 활성화되고 양반지주층의 농장이 각지에 형성되면서 사선업자들은 세곡뿐 아니라 양반층의 지방농장에서 거둔 지조(地租)의 임운활

---

81) 한정훈(2014), p.15.
82) 김용곤(1983), pp.84~85 참조. 원문은 「태종실록」, 권 29, 태종 15년 6월 壬午 참조.
83) 최완기(1976), p.429; 한정훈(2014), p.21.

동을 통해 16세기 말에는 무역선상(貿易船商)으로서의 지위도 구축하게 되었다. 지주층의 미곡이 상품으로 처리됨에 따라 사선업자들의 활동은 더욱더 강화되었다.[84]

17세기에 들어와 상업이 더욱 발전하면서 수도권의 한강 연변에 근거를 둔 상인군으로서 경강상인(京江商人)이 등장하였다. 이들은 미곡, 염류(鹽類), 어물 등의 상업에 종사하던 상인으로서 강상(江商), 경강선인(京江船人), 경강인(京江人) 등으로 불리워졌다. 이들은 점차 전국의 포구와 내륙강변을 연결하는 육상 및 수상운수업에 진출하였는데, 그 규모가 확대되면서 세곡을 운반하는 조운까지 대행하기에 이르렀다. 조운이 정부가 아닌 경강상인들에 의해 대행됨으로써 부역을 벗어난 자유로운 신분의 객군(格軍)이 등장하였다.[85]

> "경강 일대의 포구에는 일찍부터 많은 빈민들이 모여 살았다. 이 빈민들은 여러 선원들에게 숙식을 제공하고 화물을 옮겨주며 살았다. … 조선 후기부터는 고용노동제가 널리 통용되기 시작하였다. 배가 세곡을 싣고 오면 그 군현의 감관(監官)이 인근에 거주하는 주민들에게 수고비의 의미로 약간의 쌀을 주며 하역운반작업을 하게 하였다. 이들 하역노동작업을 하는 이들을 창민(倉民)이라 하였다. … 창민들은 수고비에 해당하는 역가미(役價米)를 받아 생활하였다. 이들은 지금의 하역노조와 비슷한 성격의 운부계(運負契), 운석계(運石契), 마계(馬契)를 만들어 하역과 운송업의 이권을 보호하였다. 운부계는 쌀섬을 등으로 지어 하역하고 입창하는 일을 담당했고 마계는 말을 이용하여 세곡을 도성으로 수송하거나 지역의 창고로 수송하는 일을 맡았다. …

---

84) 최완기(1976), p.442.
85) 전국항운노동조합연맹(2009상), p.5.

대동법의 실시가 본 궤도에 오르자 선혜청(宣惠廳)의 창고가 모자라게 되었다. … 부득이 지방에서 인부들을 모집하여 창고를 짓고 이들로 하여금 광창(廣倉) 주위에 살며 창고를 지키도록 하였다. 이들은 식솔을 이끌고 이주하여 선혜청의 대동미를 하역, 입고, 창고관리와 같은 일들을 도맡았다. … (이들 창모민(倉募民)들은) 창(倉)주인의 지휘 아래 모민계(募民契)를 만들어 창고의 경비, 하역과 운반을 비롯하여 본청직속 사령의 사역에 응하고 창고 건설시 건설노무자 노릇도 하였다. 선혜청과 모민계는 상호보완의 관계를 오랫동안 지속하였다. 창모민들은 고용기회를 계속 확보하는 대신 선혜청에 여러 가지 편의를 제공하였다. 이 때문에 모민들의 임금은 다른 노동자보다 높았고 고용도 보장받았기 때문에 이 직업을 자손에게 물려줄 수도 있는 특권도 누렸다. 심지어 창모민들은 경우에 따라 이 자리를 매매하기도 하였다."[86]

18세기 후반에 접어들어 전국적으로 1,000여 개의 시장이 나타나 각종 재화가 활발히 거래되었다. 물류중심지로서 포구는 더욱 붐비기 시작하였다. 연해의 포구나 내륙지방의 화물 집산지에는 객주(客主)라는 업종이 생겼다. 객주들은 배후지역의 향토 상인들과 거래를 중개할 뿐만 아니라 상품, 화물들의 보관을 알선해주고 구문(口文)이라는 일종의 수수료를 받는 화물교역의 중간알선업자로 부각되었다. 위탁매매나 중매 역할을 하던 객주들은 그 규모가 커지면서 그 역할의 범위가 더욱더 넓어졌다. 읍이나 포구에 자리를 잡고 교역에 종사하는 상인이었지만 부수적으로 여숙(旅宿), 금융(金融), 창고업(倉庫業), 운수업(運輸業)을 겸하였던 것이다.

---

86) 田三孝二, "李朝後半期於ける倉庫勞務者の一例: 宣惠廳募民の場合史研究", pp.9~30. 전국항운노동조합연맹(2009상), pp.18~19 재인용.

쌀은 거의 선박으로 수송되었기에 포구에 선상들이 쌀을 구입하러 들어오면 가장 먼저 그 지역의 객주인 포구주인과 접촉하였다. 포구주인은 여러 개의 객실과 마방을 갖고 있어 선인들에게 숙식을 제공하였고 수집해 온 쌀을 살 수 있는 수집상인들을 소개시켜 주었다. 또한 포구주인은 자신들의 창고에다 수집상들의 쌀을 보관해 주는 역할도 하였다. 객주는 미곡을 하역하고 납창하는 일, 숙박이나 금융 등의 업무를 수행하면서 각종 하역권과 구매독점권까지 획득하였다.[87]

일본의 본격적인 하역기업이 들어온 20세기 이전까지 객주들은 하역업자로서의 역할을 수행하였다. 각 포구에서는 객주 산하의 하역노무자들을 객주가 임명한 십장(什長)격인 조두(組頭)가 담군(擔軍)을 편성하여 작업을 수행하였다. 이 방식은 여전히 일종의 신분계층적 노동공급체로서, 조의 우두머리인 조두(組頭)는 절대적 지배권을 갖는 노무공급의 장(長)이었다.

한편 17세기 이후에는 군역을 도피하는 피역(避役), 군역을 수포로 대행하는 대립(代立)이 보편적으로 나타나면서 군역의 물납세화가 급속도로 진행되었다. 당시의 표현에 의하면, 징발역군들은 피역(避役), 유리(流離), 도산(逃散)하는 방식으로 노동력의 수탈에 저항하였다. 대립(代立)의 관행이 점차 합법적으로 인정되면서 노동력을 구매하여 고용하는 방식인 고립제(雇立制)가 등장하기 시작하였다. 원래 대립제(代立制)는 임시적인 성격을 띠었지만 관에서 대립가(代立價)를 거두고 이를 통해 모립(募立)의 재원을 마련하는 새로운 관행이 발전하였다. 즉 군역에서 피역(避役)과 대립(代立)은 부역노동을 고용노동으로 전환시키는데 큰 역할을

---

87) 전국항운노동조합연맹(2009상), p.21.

하였다.88)

군역의 이러한 변화는 또 다른 역인 요역(徭役)에서도 모립제(募立制)를 성립 발전시키는 기반을 조성하였다. 토목공사 등에 동원되는 노동력을 확보하는 요역제에 대해서는 17세기 이후 다음과 같은 문제점이 지적되기 시작하였다.89) 첫째, 원거리 징발의 비효율성으로서, 각지에 흩어져 사는 농민들을 멀리 떨어져 있는 역소(役所)까지 징발하는 것은 농민들에게 많은 부담을 지운다는 것이다. 둘째, 징발역군의 비능률성으로서 부역노동에 징발된 역군들이 시간만 채우려 할 뿐 힘써 일하지 않았다는 것이다. 셋째, 부역기간이 정해져 있었기 때문에 우천시나 여타 일기상의 불리한 조건, 자재반입의 지연 등 작업계획의 수정 필요시에도 부역노동을 강행해야 한다는 모순이 있었다.

"모립제하의 모군들은 관부(官府)에 고용된 존재임에도 불구하고 인격적 예속관계에서 현저하게 벗어날 수 있었다. 자유롭게 역사(役事)에 응모할 뿐 아니라 역시 자유롭게 퇴거할 수 있었다. 작업 조건이나 고가(雇價)에 불만이 있을 경우 모군들의 반응은 집단적·조직적인 방식으로 나타나기도 하였다. 그들은 고가의 고저에 따라서만 이합집산할 뿐 관부의 통제 아래 머물러 있지 않았다. … 이들은 임노동에서 자신의 생활수단을 발견할 수 있었던 도시와 농촌의 빈민층을 구성하였다. … 자신의 노동력을 상품으로 판매하는 임노동자층이 형성되어가고, 한편에서는 노동력 판매의 시장이 형성되어 갔던 것이다."90)

---

88) 윤용출(1998), pp.127~128.
89) 윤용출(1998), pp.116~119.
90) 윤용출(1998), p.328.

17세기에 들어와 크고 작은 관영의 토목공사에서 모군(募軍)이라 불리는 잡역부가 고용되기 시작했다. 모집한 인부라는 뜻인데, 모군을 고용하는 모립제는 강제노동에서 고용노동으로 정부의 노동력 수급체계가 변화한다는 것을 의미한다. 이러한 모군들은 보수를 받고 자유의사에 따라 역사(役事)에 응모하는 사람들이다. 조선 후기에 들어와 이러한 고용노동은 각종의 토목공사뿐만 아니라 농업, 광업, 수공업, 하역업 등으로 확대되었다.[91]

2. 봉건적 유습하의 약탈적 항만하역 (개항에서 일제 강점기)

1876년 강화도조약의 체결로 1876년 부산항이 개항되고 이어서 1883년 인천항과 원산항이 개항되었다. 개항과 함께 외국과의 교역이 증가하면서 각 개항장에서 객주업이 더욱 번창하게 되었다. 조선 조정은 조운사업을 위해 1884년 운송국(運送局)을 설치했으며, 독일에서 증기선 3척을 도입하였다.[92] 개항으로 물동량 수송 및 하역산업의 규모가 커지면서 조선(朝鮮)의 조운이나 경강상인들에서도 제한적으로나마 기선(汽船)에 의한 운송이 나타났다. 1882년(고종 19년)에 외교통상에 관한 일을 담당하기 위해 설치된 중앙부처로서 통리아문(通理衙門)은 객주를 지정하여 이들이 항구의 하역업을 독점하게 하였다. 이들 독점 객주들은 부두노동자들의 동원과 운송을 독점하였고 또 개항에 따른 부두시설비용

---

91) 윤용출(1998), pp.320~321.
92) 이들은 창룡호(536톤), 현익호(709톤), 해룡호(1,027톤)이다. 오가와 유조(2006), p.39 참조.

을 부담하였다.

　그러나 군사력을 앞세워 개항을 요구한 일본의 압력에 굴복하여 조선 조정은 1890년에 객주의 독점체제를 폐지하였다. 그 결과 개항장에 폭주하는 국내외화물들을 처리하는데 객주와 같은 국내상인들은 외국상인들과 대항하여 경쟁할 수가 없었다. 객주들은 객주조합으로 힘을 모았는데, 1883년 원산(元山)의 상의소(商議所), 1885년 인천의 상회(商會), 1888년 부산의 균평회사(均平會社), 1890년 인천의 균평회사(均平會社), 부산의 객주상법회사(客主商法會社) 등이 해당된다. 이들은 상업조합(商業組合) 또는 결사영상(結社營商)의 형태를 띠었다. 그러나 일본에서 본격적으로 기선회사(汽船會社)와 하역회사가 진출함으로써 토착적인 객주가 주도하던 시대는 서서히 역사에서 사라지기 시작하였다.[93]

　각 개항장을 통한 무역량이 급격히 증가하면서 조선에서는 전통적인 농본주의 경제체제가 무너지고 자본주의 시장경제로 급속히 전환되기 시작하였다. 개항장의 물동량이 증가하자 인근 농촌의 잉여노동력이 개항장으로 들어와 임금을 받는 임금노동자 계층을 형성하였다. 급증한 개항장 인구의 대부분은 출입하는 선박에서 짐을 나르는 하육군(下陸軍), 지게를 지는 담군(擔軍), 화물을 포장하는데 종사하는 두량군(斗量軍) 등의 부두노동자였다. 노동자들은 자신의 신분 때문에 노동력을 착취당하는 것이 아니라 그 대가인 보수와 임금을 받기 위해 노동력을 자발적으로 제공하였던 것이다. 당시 항만노동자들의 삶을 표현한 문학작품의 내용을 통해 이들의 삶을 간접적으로 이해할 수 있을 것이다.[94]

---

93) 전국항운노동조합연맹(2009상), p.13.

94) 김탁환 장편소설, 「뱅크」, 1권-부익부 빈익빈, pp.125~132.

"(1892년 인천항) 부두에는 하역 채비를 마친 노동자들이 바다를 향해 모여 섰다. 바지는 헐렁했고 흰 무명 저고리를 펄렁거렸다. 짚신을 신거나 까만 맨발이었다. 승객들이 환호하자 그들도 지게작대기를 흔들었다. 입항을 기다린 것은 하루 품삯이 간절한 부두 노동자들도 마찬가지였다.

… 하역이 시작되었다. 스무 명씩 조를 짜서 화물을 옮겼다. 절반은 지게를 졌고 절반은 어깨를 썼다. 그들은 개항과 함께 하루 품삯을 받고 하역을 전담한 조선 최초의 일용직 노동자였다.

부두 노동자의 삶은 고달팠다. 무엇보다도 노동 시간이 문제였다. 해 뜨면 일하고 해 지면 쉬는 농사꾼의 삶이 부두에서는 허락되지 않았다. 조석간만에 따라 일하는 시간이 조율되었다. 만조에 배가 들면 다음 만조 때까지 하역 작업을 마쳐야 했다. 배가 나간 뒤 곧이어 다른 배가 들어오면 12시간을 연이어 일할 때도 있었다. 낮밤 없이 24시간을 일개미처럼 움직여야 하는 것이다. 만조가 매일 50분씩 늦춰지는 것도 문제였다. 어떤 날은 밤에 시작하여 낮에 끝마치고 또 어떤 날은 낮부터 짐을 실어 밤에 배를 띄워 보냈다. 식사 시간도 취침 시간도 반일주조(半日週潮)에 따랐다. …

쨍그랑!

소리가 요란했고 노래가 그쳤다. 철호 앞에 선 엄칠복이 나무상자를 떨어뜨린 것이다. 조장이 달려와서 깨진 도자기를 확인한 후 욕설을 퍼부으며 배를 걷어차기 시작했다. …

"변상한다고? 이게 얼마나 비싼 줄 알기나 해? 오늘 내일 모레까지 너희들 품삯 모두 합쳐도 모자란 귀품(貴品)이라고."

귀품이란 말에 노동자들 고개가 저절로 숙여졌다. 하루 벌어 하루 먹기에도 빠듯한 나날인데 도자기 값을 물기 위해 자신들 품삯까지 빼앗길까 걱정스런 표정이었다. …

"이게 변상한다고 해결될 문제야? 너랑 엄씨는 오늘부터 내 조에서 빠진다. 모가지라고. 알겠어?"

엄칠복이 무릎을 꿇고 두 손 모아 빌었다.

"조장님! 제발 내쫓지만 마십시오. 무슨 일이든 하겠습니다요. 병든 아내에 굶주린 자식새끼가 일곱입니다. 일이 없으면 모두 굶어 죽습니다요."

[그림 16] 1900년대초 하역작업의 모습

출처: 인천항운노동조합, 「인천항변천사」, 1995, p.24

임금노동자로서의 부두노동자들은 개항장의 물동량, 즉 무역량이 증가하면서 당연히 그 수가 급격히 증가하였다. 당시에는 몰락해서 유랑하던 영세농민의 유입으로 인해 노동자의 수가 지나치게 많았다. 임금노동자들의 수가 많아지면 자연히 여러 가지 갈등과 노동쟁의가 생기게 마련이다. 더 나아가 고용조건을 개선하기 위해 노동자들이 단결된 행동을 할 필요성도 생겼다. 이들은 점차 계(契)의 형식과 '의형제(義兄弟)', '만동생(万同生)' 등으로 결합하여 점차 상호부조를 목적으로 회비를 거두어 노계(勞契) 또는 조합으로 발전하게 되었다. 1898년 함경남도 성진에서 이규순(李奎順) 외 47명의 부두노동자들이 노동조합을 조직하였다고 기록되어 있는데 이것이 우리나라 최초의 노동조합인 것으로 알려져 있다.[95]

1883년 개항장에서는 통상사무와 함께 치안권을 행사하는 등 최고 행정기관으로서 감리서(監理署)[96]가 설치되었는데, 여기서 개항장의 부두노동자에 대한 업무도 처리하였다. 1898년 2월 목포에서 일본 상인의 문옥(問屋, 객주)에 대한 부두노동자들의 파업투쟁이 있었다. 이 사건 이후 대한제국 정부는 부두하역에 관심을 가지고 부두노동계의 무질서한 상태를 능동적으로 정비하고자 노력하였다. 목포항에 설치된 무안감리서는 감리서 내에 모군십장청(募軍什長廳)을 설치하고 일반노동자들을 감독하는 십장(什長)과 십장을 감독하는 접장(接長)을 임명하였다.[97] 그리고 감리서는 부두노동자들에게 '감자낙패(監字烙牌)'라는 허가증을 발급하고 이 패를 차고 있는 자만을 부두에서 작업할 수 있도록 하였다.[98]

그런데 1903년 고종(高宗) 엄비(嚴妃)의 비호를 받는 부패한 관리인 경무관(警務官) 홍종훤(洪鍾萱)이 감리서의 권한을 무시하고 자의적으로 이미 감리서에서 임명된 십장 외에 10명의 십장을 새로 임명하는 사건이

---

95) 전국항운노동조합연맹(2009상), pp.31~35 참조. 원문은 細井肇 著, 「朝鮮の經營: 中篇」, 1921, p.38.

96) 개항장(開港場)·개시장(開市場)의 사무를 관장하기 위하여 설치하였던 관아로서 1883년(고종 20)에 인천(仁川)·덕원(德源:元山)·동래(東萊:釜山)에 처음으로 설치하였다.([네이버 지식백과], [두산백과])

97) 金容旭 著, 「韓國開港史」, 1976, p.182.

98) 전국항운노동조합연맹(2009상), p.38.

발생한다. 이로 인해 감리가 임명한 기존의 십장들과 홍정훤이 임명한 십장들은 매일 작업현장에서 대립하여 싸움이 끊이질 않았다. 이를 기화로 하여 일본영사관은 '영자낙패(領字烙牌)'를 발급하여, 영자낙패를 가지지 않는 자는 조계 내에서 하역작업에 종사할 수 없도록 결정하였다. 그리고 '영자낙패'를 교부받은 자들을 조계 내에 전셋집을 얻게 하는 한편 조계 내에서 모든 상거래를 할 수 있게 하였다.[99]

이에 한국경무서(韓國警務署)는 한국인이 조계 내에서 거주를 할 수 없도록 금지하는 한편, 부두노무자의 노무동원을 관할할 노동자들 스스로의 결사체로서 '목포항사상회사(木浦港士商會社)'를 설립하도록 하였다. 그리고 사상회사가 십장의 임명, 면직 등 모든 업무를 담당하도록 하고 경무서는 이 일에 손을 끊었다. 부두노동의 조직체제에 책임을 맡은 '목포항사상회사'는 거류지의 일본영사관에 일본측 영자낙패를 철회해 달라고 요구하였다. 일본영사관측에서는 거류민들의 의견에 따라 이를 받아들일 수 없다며 거절하였다. 사상회사는 그들과의 교섭이 불가능함을 깨닫고 거류지 내의 사무소를 폐쇄하고 동맹파업을 선언하며 하육군(下陸軍)들을 설득하여 파업에 들어갔다.[100]

이와 같은 혼란은 1905년 을사늑약이 체결되면서 감리서의 업무가 일제통감부의 이사청(理事廳)으로 이관되며 점차 사라지게 되었다. 점차 일본수출입자의 대리점들이 진출하기 시작하며 마침내 1907년 일본의 대형 운송기업인 내국통운(內國通運) 등이 진출하여 항만하역업이 본격화되자 한국정부의 개입은 사라지게 되었다. 그리고 일본하역기업의 비호를 받는 개인들이 노동자를 모으는 역할을 하였다.[101]

---

99) 전국항운노동조합연맹(2009상), pp. 41~42.
100) 전국항운노동조합연맹(2009상), pp. 41~42.

이들은 부산·인천 등에서 창신조(昌新組)·영신조(永信組)라는 중간기관을 만들어 하역작업에 필요한 노동력을 확보하여 노무자를 합숙시키고 급식을 제공하였다. 동시에 하역회사와 하역작업 도급계약이라는 노동공급에 대한 계약을 체결하여 이 일을 책임졌다. 그리고 십장이란 제도를 두어 노무감독을 맡겼다. 부산, 인천 이외의 군산, 장항, 원산, 진남포, 목포 등지에서는 각 하역회사별 또는 작업별로 노동자들이 노동조합을 결성하여 하역회사와 고용관계를 맺고 이 노동조합이 노무공급의 책임과 권한을 가지고 있었다. 중간기관이나 또는 노동조합이 없는 곳은 각 하역기업체인 조(組)들이 직접 노동자들을 고용했다.[102]

1902년 말 조사에 의하면 인천에는 하역노무자 165명, 목수 116명, 미장공 11명, 석공 10명, 큰톱장이 5명, 선원 111명, 농사꾼 16명 등이 존재하였다고 한다. 인천에는 야마토구미(大和組), 후쿠시마구미(福島組), 아사히구미(旭組) 등 하역노무자를 위한 조합이 세 개 있고, 백 수십 명에 이르는 하역일꾼들은 이 세 개 조합 중 하나에 적을 두고 있었다. 야마토구미(大和組), 후쿠시마구미(福島組), 아사히구미(旭組) 외에도 기무라구미(木村組), 에구치구미(江口組)도 있었는데, 기무라구미는 우선회사(郵船會社)의 화물을 전담하고, 에구치구미는 상선회사(商船會社) 직할의 조직으로 민간이 운영하는 하역노무자 조합과는 달랐다.[103]

각 조합에는 조장(組長)이 있고 그 밑으로 작업반장이 있어서 조합을 통솔하였다. 각 조합별로 조직에 다소 차이는 있으나, 부하인 하역일꾼을 관리하고 공동으로 작업에 들어간다는 것은 모두 똑같았다. 조장 한

---

101) 전국항운노동조합연맹(2009상), pp.79~80.
102) 전국항운노동조합연맹(2009상), p.81.
103) 오가와 유조(1903), p.132.

명에 작업반장이 3명 있고, 매월 매출실적 기준으로 수하 노무자들에게 급여를 배분하는 방식으로 운영되고 있었다. 조장은 1인당 얼마씩 책정된 몫을 챙기고 나머지를 부하들에게 배당한다. 하역인부들 가운데 기혼자들은 조합 소유의 셋집에서, 미혼자들은 조합에서 합숙 생활을 하고 있었다. 만약 조합원 중 누가 병이라도 나면 조합에서 상당한 보조를 제공해주는 규약도 마련되어 있었다.[104]

1910년경에는 항만에 유입된 근로자들에게 특별한 제한이 없이 신체가 강건하다고 인정만 되면 작업에 투입되어 그 인원이 거의 1만 명에 육박했다고 알려진다. 십장(什長, 또는 조합장, 조두)의 의견에 따라 항만근로자로 채용되면 합숙이 일반적이었으나 임시적인 날품팔이 인부도 적지 않게 존재하였다. 이러한 과정을 통해 항만근로자들은 자기를 채용해준 십장에 대하여 동양적인 의리감을 바탕으로 한 봉건적인 유대를 깊이 갖게 되었다. 일제시대 하역근로자들은 그들의 고용조건에 대해서 의사표시가 불가능하고 다만 일반적 기준에 의하여 이미 정해진 일당에 따라 임금을 받는다는 불문률에 따라 노무에 종사하는 것이 습관화 되어 있었고, 노동공급업자가 하역작업의 청부를 받는 경우 공급업자와 하역업자간 품목별 청부임금의 협정에 따라 작업할 뿐 노동조건 등에 대한 협정은 전무한 상태였다.[105]

---

104) 오가와 유조(1903), pp.130~131.
105) 김승택외(2006), p.3.

[그림 17] 1923년경의 인천항 선거내 하역모습

출처: 인천광역시 역사자료관, 「역주 인천과 인천항」, 2009, p.22.

1919년 3·1운동 이후부터는 지식인들이 노동쟁의에 관심을 갖게 되었다. 그들은 노동자들의 결사 및 단체행동을 항일운동의 일환으로 혹은 민족해방운동의 추진체로서 역할을 할 수 있도록 하자는 생각을 가지게 되었다. 노동운동을 주도할 수 있도록 전국적인 노동조직체를 결성하는 활동을 전개하였고 전국 각지에서도 산하 가맹체를 결성하는 활동에 노력을 기울였다. 이러한 지식인들의 참여에 의해 노동조합운동은 새로운 양상을 띠기 시작하였다. 이러한 전국적 노동조직체로 조선노동공제회(朝鮮勞動共濟會)를 필두로 노동대회(勞動大會), 조선노동연맹회(朝鮮勞動聯盟會), 조선노농총동맹(朝鮮勞農總同盟), 조선노동총연맹(朝鮮勞動總聯盟) 등이 결성되었다. 또한 노동자조직(勞動者組織)은 아니나 노동자

들의 조직운동을 뒤에서 후원한 신간회(新幹會) 등이 있다.106)

일제가 제2차 세계대전을 일으키며 항만수송의 수요가 크게 늘게 되면서 노동자의 수를 크게 늘릴 방법이 필요하게 되었다. 그래서 1943년 10월 국가총동원법(國家總動員法)에 의해 노무보국대(勞務報國隊), 항만정신대(港灣挺身隊), 항만하역연성대(港灣荷役練成隊) 등 강제적인 방법에 의해 항만노동이 이루어졌다. 전시동원체제 하에서 모든 하역회사들은 조선운수주식회사(朝鮮運輸株式會社)와 한국미곡창고주식회사(韓國米穀倉庫株式會社)로 통합되어 이들이 항만하역의 대부분을 전담하고 있었다. 창신조(昌信組)와 같은 조그마한 노동공급 조직체는 극소수의 연안화물만을 취급해야만 하였다.107)

> "부두하역에 종사하는 노동자들은 강제징용자를 포함한 '하역용역단'이라는 이름으로 집단적인 노동을 수행해 왔다. 특히 항만하역 노동은 선박의 입항과 함께 이루어진다는 점에서 일정한 노동시간의 확보가 불가능할 뿐만 아니라 장시간의 대기를 필요로 한다. 이러한 특성은 해방 이후 소위 '한 방(房) 생활'이라는 작업반 단위의 집단적 생활을 초래하였다. '한 방 생활'은 작업반을 구성하고 있는 15～20명의 하역노동자들이 '한 방 주인(도반장)'의 통솔 하에 작업지시가 있을 경우 주야를 막론하고 즉시 작업현장에 투입될 수 있도록 운영되었다. 이 때 '한 방 주인'인 도반장은 항만하역 근로자의 통제력 면에서 절대적인 영향력을 행사하였다."108)

106) 전국항운노동조합연맹(2009상), p.82.
107) 전국항운노동조합연맹(2009상), p.145.
108) 부산부두노동조합, 「부산부두노동약사」, 1969년, pp.19～23 참조. 선한승·김장호·박승락(1995), p.16에서 재인용.

대부분의 식민지 시기에 부산, 인천 등 규모가 큰 항만에서는 창신조 (昌信組), 영신조(永信組) 등 노동공급의 기능만을 가진 기업적 특성의 기관이 발전했으나 그 외 지역에서는 노동조합이란 명칭으로 조직체가 성장해 나갔다. 그런데 창신조 등과 같은 단체들은 어디까지나 노동공급을 총괄하고 관리하는 역할에만 신경을 썼기 때문에 노동자의 경제적 이익이나 복지에는 관심이 없었다. 오직 그 조직의 우두머리인 조장 또는 십장들이 개인적 이익 추구에만 급급했을 뿐이었다. 그러다 해방 후 이들은 많은 불만을 가지고 있었던 노동자들에 의해 타살되기도 하였고 혹은 자살할 수밖에 없을 만큼 보복을 당하기도 하였다.[109]

3. 정치적 혼란과 클로즈드샵 쟁취 (해방에서 한국전쟁까지)

일제는 1930년대에 노동관련 법규를 제정하였는데, 이들은 '근로자모집취체규칙(勤勞者募集取締規則)', '임금통제령(賃金統制令)', '선원급여통제령(船員給與統制令)', '노동조정령(勞動調整令)' 등이었는데, 명칭에서 알 수 있듯이 근로자의 보호와 거리가 있는 통제 중심의 단속법령이었다.[110] 이후 1938년에 '조선광부노무부조규칙', 1940년에 '조선직업소개령' 등에서 약간의 보호규정을 두었으나 이들 역시 전쟁완수를 위한 노동력 확보와 노동력 수급조절을 원활하게 하기 위한 입법이었다.[111]

1945년 해방과 함께 실시된 미군정은 일제가 제정한 치안유지법(1925

---

109) 1937년부터 2009년 현재까지 인천부두하역작업에 종사하는 이주원 씨의 경험담(전국항운노동조합연맹(2009상), p.68).
110) 취체(取締)란 규칙, 법령, 명령을 준수하도록 통제한다는 뜻이다.
111) 노동부(2006a), p.60.

년), 정치범처벌법(1919년), 예비검속법(1941년) 등의 단속법령을 폐지하면서 노동조합을 인정하는 정책을 취하였다. 1945년 10월 30일 미군정이 공포한 군정법령 제19호는 국가적 비상시기의 혼란을 틈타 근로자가 자유롭게 직장을 이동하는 것을 방해해서는 안되며, 개인 직업선택의 자유를 방해해서는 안된다고 명시하였다. 또한 국민생활에 필수불가결한 생산시설에서 근로조건을 둘러싼 노동쟁의가 발생할 경우 미군정청이 설치한 노동조정위원회에서 쟁의사건을 해결할 때까지 작업을 계속하여야 하며 조정위원회의 결정은 최종적인 것으로서 구속력을 가진다고 하였다.

그리고 미군정은 '일반노동임금에 관한 법령(1945. 10. 10)', '노무보호에 관련된 폭리에 관한 취제법령(1945. 10. 30.)', '노동조정위원회법(1945. 12. 8.)', '노동문제에 관한 공공정책 및 노동부 설치에 관한 법령(1946. 7. 23.)', '아동노동법규(1946. 9. 18.)', '최고노동시간에 대한 법령(1946. 11. 7.)' 그리고 과도정부법 '미성년자 노동보호법(1947. 5. 16.)' 등 노동자를 보호하는 법령을 차례로 공포하였다.112) 이후 노동자들은 활발한 노동운동을 전개할 수 있게 되면서, 노동조합들이 급격하게 결성되기 시작하여 노동쟁의가 급증하였다.

미군정의 노동조합 정책방향은 1947년 7월 법령 97로 '노동문제에 관한 노동정책'에 잘 표현되어 있다. 여기에는 ① 민주주의적 노동조합의 발전을 장려하고, ② 노동자는 자율적으로 노동조합을 조직하여 가입하거나 고용주와 대리인의 간섭을 받지 않고 고용관계의 기간 및 조건을 협정할 목적을 가지고 자기가 선거한 대표자를 지명할 권리가 있

---

112) 노동부(2006a), p.15.

으며, ③ 고용주와 노동조합 간에 합의된 임금노동시간 그 외 고용조건을 고용계약서에 명기하는 평화적 협정을 장려한다는 등의 내용이 담겨있었다.113)

광복 후에는 풍부한 유휴노동력이 발생하였다. 국외로 강제징용되었던 귀환 동포들이 200만명이 넘게 귀국하여 부산, 인천을 비롯한 각 항구도시에 상륙하여 거기서 정착지를 찾으려고 노력하는 상황이었다. 농민층 분해와 국내산업의 저발전으로 인해 국내노동시장에는 과잉노동력이 상존해 있었고, 일본인 소유의 대부분 생산시설들은 해방과 함께 가동이 중단되었다. 이들은 하루하루의 연명책으로 품팔이 하역작업에 종사하려는 사람들이 상당수였다.

해방과 함께 일제에 의해 독점적으로 운영되어 오던 하역체계가 붕괴되면서 하역업체들이 난립하였다. 일제강점기 때 징용으로 끌려와서 군수물자 하역수송에 동원되었던 하역용역단은 해체되었는데, 이들 중 일부는 귀향하지 않고 계속 하역작업에 종사하고자 했던 이들도 많았다. 이들은 하역용역단체 시절부터 오랫동안 집단수용되어 있었기 때문에 그것이 자연스레 그들의 생활상이 되어 있었다. 하역산업의 이러한 특수성과 광복 후 경제적, 사회적 조건 등으로 중간 노무동원체제인 항수(港首), 즉 도반장(都班長) 또는 십장제도가 불가피하였다.114)

미군정 하에서 자본주의적 산업체제가 도입되면서 항만운송사업은 자유경쟁체제로 바뀌었는데, 그에 따라 각 사업체별 작업능력에 따라 하역업이 수행될 수 있었다. 그러나 이러한 하역작업의 자유방임은 많은 부작용을 낳았다. 당시 물자의 많은 양을 미군의 화물이 차지하고

---

113) 한국경제60년사편찬위원회(2011), p.205.
114) 전국항운노동조합연맹(2009상), p.146.

있었기 때문에 영어만 잘하면 작업권을 취득할 수 있었다. 자본이 없고 하역작업에 대한 전문적인 지식과 경험 없이도 하역작업에 뛰어들 수가 있었던 것이다. 이 때문에 건실한 기존의 기업보다 새로이 이 영역에 뛰어든 군소기업체들이 난립하였다. 그 결과 격심한 경쟁이 유발되어 노동자들의 계약 조건이 악화되었다. 당시 인플레이션으로 인해 급상승하는 물가에 비해 임금이 이를 따라가지 못하자 부두노동자들의 생계는 비참해져만 갔다.[115]

광복과 함께 여운형을 중심으로 한 건국준비위원회와 공산당의 사회주의 정치인들은 노동자와 농민을 기초로 하는 독립정부의 수립을 위해서는 무엇보다도 조직적 노력이 필요하다고 생각하였다. 이들은 각 직장 노동자들 속에 들어가 노동조합을 조직하기 시작하였다. 그것이 구체적으로 드러난 것이 1945년 11월 조선노동조합전국평의회(朝鮮勞動組合全國評議會-전평)의 결성이었다. 전평이 채택한 행동강령을 보면 시간노동, 최저임금제, 사회보장 등 민주적 노동조합을 지향한 것으로 보인다. 그러나 이들의 명예회원은 공산당 영수들을 추대하는 등 그들의 정치적 색채도 드러나기 시작하였다.

남한에 진주한 미군정은 건국준비위원회의 조선인민공화국을 인정하지 않았다. 전평의 정치적 색채가 노골적으로 드러나 국민들의 지탄을 받기 시작한 것은 1945년 12월 28일 모스코바 3상회의의 결정에 따른 신탁통치문제가 나왔을 때이다. 전평은 처음에 이를 반대하다가 공산당의 지령을 받고 나중에는 신탁 찬성으로 태도를 달리 했다. 전평 산하 노조에 가담하고 있던 노동자들은 왜 즉시 독립이 아닌 신탁통치를 지

지해야 하는지 이해하기 힘들었다. 노동자들은 전평이 지향하는 정치적인 노선에 대해 의구심을 품게 되었다.[116]

이와 같은 상황 속에서 민족주의 진영은 날로 확대되어가는 전평조직을 억제하고 민주노동운동의 터전을 마련해야만 했다. 그래서 1946년 3월 10일 민족진영의 노동자대표들에 의하여 대한독립촉성노동총연맹(大韓獨立促成勞動總聯盟-대한노총)이 결성되었다. 대한노총은 1946년 5월 12일 서울운동장에서 개최되었던 신탁통치반대 국민대회를 계기로 민족진영 지도자인 이승만(李承晩), 김구(金九)를 지지하는 노동자들을 적극적으로 조직 내에 포섭하기 시작하였다. 대한노총은 1946년 9월 전평(全評)이 시도한 제1차 파업인 철도파업을 저지하는데 성공한 바 있는데 미군정 당국으로부터 이 공로를 인정받게 되었다.

그 후 대한노총은 미군정과 협력하며 공산당과 사회주의 세력을 타도하는 선봉적인 역할을 하게 되었다. 1947~48년 사이에 미국의 남한에 대한 정책의 방향이 명확해지자 사회주의를 표방한 전평노조는 불법으로 취급되어 지하로 숨어들 수밖에 없어, 점차 표면적인 활동이 축소되어 갔다. 반면 대한노총의 활동은 그와 반비례하며 점차 그 조직이 확대되었다. 이 기간 동안 전평은 수차례 파업과 폭력투쟁을 단행하였으나 그때마다 대한노총의 저지로 그 목적을 달성하지 못하였다. 결국 전평(全評)은 남한에서 완전히 조직 기반을 상실하였으며 대한노총만이 유일한 전국의 노동단체로 자리잡았다.[117]

해방 이후 좌우대결에 따른 혼란이 점차 수습되면서 항만에서는 우익 중심으로 부두노동조합의 결성이 각 항만별로 활성화되었다. 그러나 자

---

116) 전국항운노동조합연맹(2009상), pp.129~130.
117) 전국항운노동조합연맹(2009상), pp.133~135.

주적으로 결성된 부두노동조합은 일제 때와는 달리 근로자의 권익과 지위향상을 위한 조직으로 거듭나야 하는 시대적 요구에 직면하고 있었다. 부두노동조합은 첫째, 항만회사의 난립과 지나친 경쟁으로 인한 근무조건의 악화 및 피해를 방지하는 것; 둘째, 전근대적 도반장제도 등의 사조직 철폐; 셋째, 합리적인 작업관리 및 노동조합과 하역회사와의 직접적인 근로계약 등을 조합활동의 주된 목표로 삼았다.[118]

　1946년 3월 결성을 마친 인천자유노동조합은 하역업체가 기존의 십장과 결탁하여 일방적으로 노무동원을 하는 것에서 벗어나고자 하였다. 미군 화물 작업을 위해 속출한 보따리 하역업자들이 작업량 획득을 위해 과다한 경쟁을 하며 덤핑입찰로 노동자들을 희생시키는 폐단을 시정하는 것에 노동조합의 목표를 두었던 것이다. 노동조합은 하역업자들에게 덤핑입찰의 시정을 촉구했으나 여타의 반응이 없자, 미항만사령부에 자신들이 직접 운영하게 해 줄 것을 강력히 요구하였다. 이에 미군당국은 노동조합의 실력행사로 수송작업이 마비될 것을 우려하여 하역권을 이들 노동조합에 주게 되었다. 이렇게 노동조합이 하역을 직영하게 되자 정상기준의 임금을 조합원들에게 지불하고도 많은 이윤을 축적할 수 있었다. 그리고 이윤을 재투자하여 큰 규모의 자본을 형성하기도 하였다.

　그런데 인천자유노동조합은 '하역업 직영제'로 인해 내부분열을 맞이하여 항만연맹(港灣聯盟)과 부두연맹(埠頭聯盟)으로 분리되었다. 그러나 지도층들은 이러한 분열이 노동자들의 권익을 위한 투쟁에 저해된다고 판단하여 1947년 10월 2일 대한노총 인천부두노동조합으로 다시 통합

---

118) 전국항운노동조합연맹(2009상), p.147.

을 이룬다. 이를 계기로 하역권 직영에서 오는 많은 잡음을 방지하고 순수한 노동조합 본래의 목적에 충실하자는 의견이 지배적이었기 때문에 하역권을 다시 기업체에 넘겨주었다.[119]

1947년 부산부두노동조합도 전평(全評)을 압도하며 결성되었다. 하역업자의 경쟁입찰로 인한 덤핑으로 노동자들이 희생되자 부산부두노동조합에서 노임인상을 강력히 주장하였다. 이에 하역회사측은 미군으로부터 받지 못하는 노임을 초과하여 지불할 수 없다고 거절함으로써 노사교섭이 원만하게 진행되지 않았다. 이에 미군측은 부산부두노동조합에게도 인천자유노동조합과 같이 하역작업을 노조측에서 직접 담당하여 달라고 요청하게 되었다. 미군측의 제의로 노사간의 대립이 의외의 방향으로 흘러가자 하역회사측은 당황하고 긴장할 수밖에 없었다. 그런데 미군측의 제의를 놓고 노조 간부들이 논의를 거듭한 결과 노조측의 기업경영은 여러모로 바람직하지 못하다는 결론을 내리고 이를 거절하였다.[120]

여러 지역의 부두노동조합들은 하역작업에 있어 하역업체가 기존의 십장과 결탁하여 일방적으로 노무동원을 자행하는 것에 제동을 걸고 노조가 작업권을 행사하는데 성공함에 따라 항만하역의 노무공급을 노동조합의 권한으로 하는 클로즈드샵(closed shop)제의 기틀을 마련하였다. 정부는 노조에게 클로즈드샵제를 인정해 주고 반대로 강력한 리더십의 발현을 통해서 조합원을 통제하도록 함으로써 노사관계 안정을 도모하고자 하였다. 물론 하역회사 입장에서도 근로자를 안정적으로 공급받을 수 있었다. 노조의 입장에서는 조합의 영향력 증대와 교섭력 강화를 위

---

119) 전국항운노동조합연맹(2009상), p.147.
120) 전국항운노동조합연맹(2009상), p.148.

해 클로즈드샵의 실시를 환영하였다.

하역노무 노조들은 다른 한편으로 전국 단일의 조직을 추진하였다. 부산부두노동조합이 노임인상을 요구할 때 미군 당국은 부산항의 입항 모선을 인천항으로 회항하겠다고 대응하였다. 이 사건을 계기로 부두노동자들의 전국적인 유대를 위한 연맹체의 필요성이 부각되어 부산과 인천 부두노조간에 교섭이 진행되고 서로 합의를 보게 되었다. 그리하여 1949년 3월 인천에서 대한노총 전국항만자유노동조합연맹(全國港灣自由勞動組合聯盟-자유연맹) 창립대회를 개최하였다.[121] 그러나 이 연맹은 결성 후 조합운영을 위한 준비를 미처 갖추기도 전에 한국전쟁이 발발하여 무산되고 말았다.

1950년 9월 15일 인천상륙작전 후 인천·장항·목포·여수 등 각 항구가 기능을 회복하게 되자 1952년에 부산부두노동조합이 주동이 되어 전국적인 자유연맹의 재건이 논의되었다. 1952년 5월 24일 부산부두노동조합 회의실에서 대한노총 전국자유노동조합연맹(자유연맹) 재건회의가 개최되었고 임원들을 선출하였다.[122] 자유연맹과 산하 부산부두노동조합은 1952년 6월말로 시효가 끝나는 미군작업계약 갱신입찰을 앞두고 임금인상을 추진하기로 결의하였다. 한국전쟁으로 인한 물가인상으로 부두노무자들이 받는 일용임금 4,800원과 청부노임 1만 2천원으로는 하루 두 끼도 먹기 힘든 실정이었다.[123]

당시에 정부나 사회의 여론은 노무자들의 생계가 어려운 상태에 놓여 있다는 것을 잘 알고 있었기에 사실상 노동자들의 입장을 동정하고 있

---

121) 전국항운노동조합연맹(2009상), p.149.
122) 전국항운노동조합연맹(2009상), p.154.
123) 전국항운노동조합연맹(2009상), p.155.

었다. 당시 국회의원이었던 이진수(李鎭洙)(9대 노총 최고위원)는 "지금까지 노무자들이 살아 왔다는 것은 기적이 아닐 수 없으며 이번 파업은 작전상 미치는 영향을 생각하면 뼈아픈 바 있으나 삶의 최후 항쟁이라는 점에서 동정하는 바이며 승리로 뭉칠 것을 확신한다. 이번 이것을 계기로 국회가 개회되는 대로 노동법 제정에 일대 박차를 가할 작정이다"고 하였다. 그리고 7월 28일 개회된 국회 제14차 본회의에서는 조광섭(趙光燮)(노총 3대 감찰위원장) 의원이 제안한 「부두노무자노임인상(埠頭勞務者勞賃引上)에 관한 대정부건의안(對政府建議案)」이 99인 중, 찬성 85대 반대 0으로 통과되었다. 미군 당국도 노임인상에 따른 인플레이션을 걱정하며 한국정부가 이를 감당할 수만 있다면 적정한 수준의 인상은 언제라도 해 줄 수 있다는 태도였다.[124]

그런데 하역업에 종사하는 14개 하역회사들의 태도는 이와 달랐다. 각 회사들은 비록 자신들이 노무자들의 요구수준을 보장하는 단가로 입찰을 하더라도 다른 경쟁사들이 같은 입장을 취하지 않을 것을 우려하였다. 즉 다른 경쟁사들의 덤핑 입찰을 우려하였던 것이다. 일부 하역업체들은 노임을 인상하기는커녕 현행보다 더 낮은 임금률로 하역할 수 있다며 도리어 더 낮은 임금으로 계약을 교섭하고자 한 사실이 밝혀지기도 하였다. 이것이 당시 파업 원인이 되었던 것이다.[125] 이 당시 파업에는 부산 전역의 미군화물 노무자 전원이 참가함으로써, 일반군수물자뿐만 아니라 전선(戰線)으로 수송할 포탄까지 하역하지 못하는 상황이 발생하였다. 이처럼 전시계엄 상황 하에서 군수물자수송에 대해 총파업이 단행되는 전대미문의 일이 벌어졌던 것이다. 7월 30일에는 외

---

124) 전국항운노동조합연맹(2009상), p.168.
125) 전국항운노동조합연맹(2009상), p.167.

자하역 노무자까지 동맹파업에 들어감으로써 부산항은 완전히 마비되고 말았다.

> "전반적으로 미군정 하의 노동문제에 대한 법률체계는 미비했고, 그나마도 미국식 노동법 체계를 그대로 이식하는 방식이다보니, 새로운 태동기의 경제수준이었던 우리나라 상황에서는 실효성을 갖기가 어려울 수밖에 없었다. 노사관계 제도와 관행은 밀접한 관련 아래 하나의 시스템으로 작동되는 법이다. 그러나 당시 광복 직후의 우리나라는 노동조합 운동에 대한 경험부족, 좌우익 대립 등의 현실로 인해 미국식 제도를 수용할 수 있는 노사관계 관행의 토양이 매우 취약하였다. 그러나 미군정 하에서 민주주의적 노동정책의 첫 걸음을 떼었고, 선진국의 노동법제의 기초를 닦았다는 점에서는 의미가 있다."[126]

미국 국무성 보고문에서는 한국이 일본과 달리 당시 미군정이 발표한 노동법령이 실효를 거두지 못한 배경을 평가하였다. 한국에서는 노사분쟁에 대한 중재제도를 설치하였으나 노동자들이나 사용자들은 모두 중재단체들이 분쟁을 공평무사하게 해결할 것으로 믿지 않았다.

> "근본적 원인은 관련된 미국인이나 한국인 모두 이러한 노동법을 수행해 나가는 동시에 이들의 남용을 막을 수 있는 전문인력이 부족했다는데 있었다. 일본의 경우 점령군들이 해야 할 어려운 문제들을 일본 정부관리들이 직접 해결하였다. 그러나 한국에는 그러한 분야를 담당할만한 훈련된 사람이 단 한 사람도 없었다. 더욱이 영어를 아는 한국인도 한정되어 있는 형편이며 그나마도 이들 중 대부분은 노동문제에 비정하거나 노동자들로부터 신뢰를 받지 못하고 있었다."[127]

---

126) 한국경제60년사 편찬위원회(2011), p.205.

4. 노조 주도권 다툼과 약탈적 항만하역
(한국전쟁이후 4·19혁명까지)

광복, 정부수립, 한국전쟁으로 기존의 모든 질서가 붕괴되고 새로운 근대적 사조가 유입되면서 나타난 정치적 혼란속에서 노조운동은 정치투쟁의 장이 되었다. 노동관련법이 제정되지 않은 상태에서 노동조합들은 계속 결성되었으며 또 많은 노사분쟁도 발생하였다. 법률이 부재하니 분쟁마다 해결하는 절차가 마련되지 않아 많은 문제가 발생하였다. 그 결과 노동문제에 관한 일들이 대통령의 개인적 판단에 의하여 좌우되는 경우가 많았다. 점차 노동관련법의 제정 필요성이 고조되었던 것이다.[128]

1948년 정부수립과 함께 정부는 제정된 헌법에 준하여 노동관련법을 제정해야 했다. 이를 위해 사회부 노동국은 1949년에 근로기준법, 노동조합법, 노동쟁의조정법의 초안을 완성하여 법제처에 회부하였다. 그런데 법제처의 심의와 국무회의의 의결을 거쳐 국회에 제출되려던 차에 한국전쟁이 발발하여 이들이 제정되지 못하였다. 한국전쟁 중 경제적 위기로 인하여 대부분의 근로자들은 궁핍한 생활을 영위하면서 많은 노동문제가 발생하였으나 이를 합법적으로 해결한 법안이 뒷받침되지 않았다. 1952년 7월에 있었던 하역노무자들의 총파업은 노동관련법의 제정 필요성을 거듭 제기하였다.

1953년에 들어와 관련법의 제정이 신속하게 이루어졌는데, 노동조합법, 노동쟁의조정법, 노동위원회법 그리고 근로기준법의 노동4법이 제

---

127) 노동부(2006a), p.17.
128) 전국항운노동조합연맹(2009상), p.183.

정되었다. 노동조합법은 근로자들의 자주적 단결권과 단체교섭권을 보장하여 노동조합운동을 보호 육성하는 것을 목적으로 하였는데, 단체협약의 체결 단위를 공장·사업장·기타 직장으로 한정함으로써 조합연합체의 단체협약 체결권을 인정하지 않았다. 노동쟁의조정법은 근로자의 단체행동권을 보장하고 노동쟁의를 공정하게 조정하는 것을 목적으로 하였다. 노동위원회법은 노사관계의 공정한 조정을 위하여 노동위원회를 독립적 기관으로 설치하는 내용이었다. 그리고 근로기준법은 근로관계를 규율하고 각종 직업에 대하여 근로조건의 최저기준을 정함으로써 근로자들의 기본적 생활을 보장하는 것을 목적으로 하였다.

그런데 1953년 3월 8일 노동조합법 공포 후에는 법률 제정에 담긴 정신을 각자에게 유리한 방식으로 해석하여 단위노조들이 뿔뿔이 흩어지기 시작하였다. 1953년 노동관련 법률들이 공포되기 이전에는 각 항의 부두노동조합들이 전국 단일의 조직체로서 조합 활동을 하였으나, 노동관련법이 공포된 이후에는 기업별, 지역별로 단위노동조합들이 분리·독립되어 작업권을 쟁탈하기 위한 경쟁에 돌입하였다.[129]

1953년에 제정된 노동조합법은 기업별 노조체제를 채택하였는데, 하역노무의 경우에는 기업별 노조가 상당한 문제를 갖고 있었다. 하역업체가 교체될 때마다 단위노조들은 그 회사와 운명을 함께 할 수밖에 없는 결과가 나타난 것이다. 항만하역업은 고정된 회사가 일정한 업무량을 가지고 있는 것이 아니다. 물동량의 증감과 수시로 직면하는 경쟁입찰 때문에 하역권이 종횡무진으로 변동하는 것이다. 따라서 당시의 단위노동조합의 작업량도 시시각각으로 변할 수밖에 없었다.[130]

---

129) 전국항운노동조합연맹(2009상), pp. 236~239.

"항만 하역작업은 특성상 하나의 고정된 회사가 일관된 작업량을 계속 가지고 있을 수 없다. 물동량의 증감에 따라 수시로 하역작업권이 변동될 수밖에 없는 성격을 내포하고 있다. 그 때문에 업체 별로 노조가 있을 때에는 노조의 운명은 업체와 함께 할 수밖에 없다. 소속된 회사가 작업권을 갖느냐 마느냐에 따라 노조의 생사가 결정되는 것이다. 이러한 이유로 노조의 생존이 기업 간의 경쟁에 얽히게 되었을 경우 노동자측은 소속 회사의 경쟁력 강화를 위하여 임금인하도 감수해야 했을 뿐만 아니라 때로는 인하를 자청하기도 하였다. 또한 회사가 몇 개월씩 노임을 체불하더라도 제대로 항의나 강력한 조치를 취하지 못하는 경우가 많았다. 노임체불은 당시 인천항 하역업계의 보편적인 상황이었다. 그러므로 조합원들은 생계를 위한 빚으로 인해 높은 이자에 시달리는 경우가 상당히 많았다."[131]

1953년 노동조합법 제정 이후 단위별로 노동조합들이 결성됨으로써 결국 부산부두노동조합은 16개 단위노동조합으로 분열되고 말았다. 16개 단위노동조합으로 분리된 부산의 부두노동자들은 이전의 전체적이고 통일적인 의식은 사라지고 단위노조들의 이익만을 앞세우며 서로에 대한 적대심만 키워 나갔다. 부산부두에서 16개 단위노조가 분열하여 독립된 운영을 하면서 미군 화물의 하역입찰에서 노조 측이 갖고 있던 노임협정의 사전 체결이 이루어지지 못하였다. 다시 말해 화물하역 입찰을 실시할 때 노조들의 단합된 움직임이 없다보니, 노조는 노사 간에 체결해야 할 협약서의 작성 대표자도 내놓지 못한 것이다.[132]

인천부두조합도 마찬가지였다. 전쟁으로 모든 질서가 붕괴되면서 인

---

130) 전국항운노동조합연맹(2009상), pp.190~191.
131) 전국항운노동조합연맹(2009상), pp.236~239.
132) 전국항운노동조합연맹(2009상), pp.190~191.

천부두노동조합이 신파와 구파로 양분되어 격렬히 대립하였다. 그러다가 노동관련법이 공포되자 각 기업과 작업장마다 단위노동조합들이 난립하게 되었다. 세력 간의 알력 다툼이 점차 격하게 나타나면서, 집행부에 대한 반대세력들은 집행부가 조합비 및 후원회비를 횡령하고 양곡배급에 문제가 있었다는 의혹을 정부에 제기하였다. 1952년 12월 5일 군검합동수사반의 조사와 심계원(審計院)의 —당시의 감사원— 감사를 받으면서, 위원장과 이하의 여러 간부들이 구속되고 집행부는 마비 상태에 빠졌다. 이 과정에서 신구 세력 간에 여러 가지 이유로 집단항의, 지지시위 등의 충돌이 있었다. 1953년 3월 13일에는 대낮에 50여 명의 신파 지지 세력이 단도, 도끼, 곤봉 등의 흉기를 들고 조합사무실에 난입하여 구파 간부들을 폭행하는 사건이 발생하기도 하였다.[133]

인천항의 단위노동조합 난립 상태는 그 정도가 전국에서 가장 심하였다. 동일 작업장 내에도 2~3개의 단위노조가 존재하기도 하였다. 군수물자수송 및 하역작업에 종사하던 제일운수(第一運輸)의 예를 살펴보면, 제일운수에서는 일부 노동자들이 어떤 반장을 중심으로 제일운수노조(第一運輸勞組)를 결성하면 다른 반장도 자기 작업반을 중심으로 별개의 제일노동조합(第一勞動組合)을 결성하는 형태까지 나타났다. 한 기업 내에서도 서로 파벌의식을 가지고 서로 분립하는 형편이 되었으며, 다른 기업의 노동자들끼리는 말도 섞지 않았던 것이다. 그 결과 인천항에서는 하나의 항구에 54개라는 단위노조가 난립하였으며, 노동조합으로서의 공동체 의식은 전혀 찾을 수도 없었고 분열과 대립으로만 가득차 있었다.[134]

---

133) 전국항운노동조합연맹(2009상), pp.187~189.
134) 전국항운노동조합연맹(2009상), pp.236~239.

단위노조들의 골육상쟁이 벌어진 1953년 이후 4년여를 노조의 수난 시대로 부르고 있다.[135] 이 시기에는 한 사업장에 난립한 2~3개의 단위 노조가 서로 작업권을 뺏기 위해 노임인상은 고사하고 노임인하도 불사 하는 추태가 연출되기도 하였다. 이 시기는 단위노조들의 분열이 노동 자들에게 얼마나 많은 피해와 비극적 참상을 가져왔는지 확실하게 보여 주었다.[136]

노조의 분열은 단위노조에서만 일어난 것이 아니었고 전국적 조직인 자유연맹에서도 일어났다. 자유연맹(전국항만자유노동조합연맹)은 대한노 총(대한독립촉성노동총연맹)에서 가장 으뜸으로 꼽히는 조직이었다. 자유 연맹을 장악하면 대한노총을 장악할 수 있었기 때문에 사실상 하역노 무와 관계없는 인사들이 정치적 목적에서 개입하였다. 특히 자유연맹 은 부산부두노조의 주도권과 밀접한 관련이 있었기 때문에 대한노총의 조직세력 다툼은 곧 부산부두노조 내부의 세력 다툼으로 이어지게 되 었다.[137]

한국전쟁 중인 1952년 5월 부산에서 자유연맹이 다시 조직되어 각 항의 부두노동조합은 하나의 연맹체에 결집하게 되었다. 그런데 재건 당시 자유연맹은 재정적으로나 조직적인 면에서 필요한 기본 요건을 갖 추지 못한 형식적 조직에 불과하였다. 그러다보니 연맹 산하 가맹조합 들이 각기 제 나름대로 조직적 야심을 가지고 각자 개별 행동을 취하는 경우가 많았다. 1952년~54년까지 2년간 자유연맹은 위로는 정치적 배 경도 없고 아래로는 조직적 기본세력도 없는 빈사 상태로서 형식적인

---

135) 전국항운노동조합연맹(2009상), p.239.
136) 전국항운노동조합연맹(2009상), pp.187~189.
137) 전국항운노동조합연맹(2009상), pp.187~189.

이름만 존재하였다.[138]

1953년 3월 8일 공포된 노동법에 의해 노동단체로서의 요건을 갖추기 위해서는 3개월 내에 전국대회를 개최하여 여러 법적요건을 갖추어 신고를 하여야 했다. 이 과정에서 몇몇 인사들은 조직적 야심을 가지고 제 나름대로 자유연맹의 재건을 추진하려 하면서 혼란스러운 상황이 지속되었다. 1954년 4월 전국자유노동조합연맹이 결성되었으나, 12월에 또 다시 분열되어 1955년에는 전국부두노동조합 이외에 전국항만자유연맹이 새롭게 결성되었다. 그러나 이후 두 연맹은 통합의 필요성을 절실하게 느껴 1955년 9월 13일 통합을 이룩하였다. 이후 산하 조직의 정비를 강화함으로써 조직적 안정을 찾아 그 세력이 막강해지면서 대한노총의 주도 세력으로서 큰 영향력을 행사하게 되었다.[139]

자유연맹이 통합되자 인천의 하역노동자들은 자연스레 인천부두의 난립을 해소하고 통합을 위한 노력을 시작하게 되었다. 자유연맹은 인천의 난립된 단위노조들을 통합하기 위한 수습위원회를 구성하였다. 이러한 노력의 결과로 54개 단위노동조합 대표자들은 통합에 무조건 동의하는 동의서를 제출하였고 즉석에서 인천자유노동조합결성준비위원회(仁川自由勞動組合結成準備委員會)를 구성하게 되었다.[140]

자유연맹이 분열의 수렁에서 벗어나 조직의 힘을 과시하면서 대한노총의 주도권을 장악하자 이에 패배한 대항세력들은 자유연맹의 오래된 특징을 들어 정치적인 도전을 하기 시작하였다. 이것이 바로 십장제도(什長制度)에 대한 시비였다. 부두하역의 특수성으로 인해 하역업체와 노

---

138) 전국항운노동조합연맹(2009상), pp.194~242.
139) 전국항운노동조합연맹(2009상), pp.194~242.
140) 전국항운노동조합연맹(2009상), pp.236~239.

동자 사이를 연결하는 십장과 같은 중간 관리조직이 존재하였다. 십장은 노무동원의 책임을 짐과 동시에 작업의 지휘, 통솔의 임무를 담당하는데, 정치적 혼란과 법제도의 미비로 이들의 책임과 권한이 투명하지도 또 명확하지도 않았다. 따라서 한편으로는 이러한 책임과 권한을 가진 중간관리자들이 부패와 사리추구를 자행할 여지가 많았다고 할 수 있다.

십장제도에 대한 기존의 관행들을 불법행위로 간주하는 시각이 존재하였다. 물론 한 편에서는 관행을 이유로 그 불가피성을 주장할 수 있었지만, 다른 한 편에서는 그 불법성을 지적하며 범법행위라는 인식을 가질 수밖에 없었다. 투명하지 않았기 때문에 그에 대한 이해가 터무니없이 부족하였다고 할 수 있다. 노동관련법규 등 명문화된 법률 규정들이 등장하면서 십장제에 대한 순기능과 역기능에 대한 논의가 보다 명시적으로 논의되는 계기가 형성되었다고 할 수 있다.

각종 청원서, 탄원서에서 제기하였던 십장제의 폐해에 대한 이해는 크게 두 가지 관점에서 설명할 수 있다. 하나는 임시직 위주의 하역노무 노동조합이 상용직을 근거로 하는 노동조합법의 기준에 부합하지 않기 때문에 나타나는 내용이었다. 또 다른 하나는 하역노무 노동소합의 합법적 근거가 부족하기 때문에 십장제도에서 여러 가지 이해할 수 없는 불법행위들이 나타난다는 것이다. 이 두 가지는 모두 경제적 현실과 법적 이상과의 괴리라는 관점에서 이해될 수 있을 것이다. 특히 법적인 제도가 경제적 현실을 제대로 반영하지 못함으로써 나타나는 갈등이라고 할 수 있다. 각종 청원서, 탄원서에서 제기된 십장제의 부정적 측면을 정리하면서 당시 십장제도에 대한 인식의 수준을 살펴보기로 한다.[141]

십장제(什長制)에 대해 탄원인들은 근로기준법을 위반하고 있음을 지적하고 있다. 십장(什長)들은 하역업체로부터 작업을 인수받아 직접 노무자를 모집하고 작업지휘와 함께 작업감독을 하고 있다. 작업종료 후에는 총노임을 일괄 수령하여 십장들이 노무자들에게 지급하면서 상당한 금액의 소위 '십장몫'을 취득하고 있다는 것이다. 일제 강점기부터 사용한 십장(什長)이라는 용어 대신에 반장(班長)으로 그 명칭을 변경하였지만, 반장이 노임을 반별로 일괄인수하는 것은 변하지 않았다. 반장이 여전히 노동자에게 지불하면서도 서류상으로는 회사가 직접 노임을 지불하는 것처럼 꾸며 십장제가 음성화한다고 비판하였다. 이들은 모두 근로기준법에서 규정하고 있는 임금직불제, 중간착취 배제에 위반되는 행위라고 지적하였다.[142] 하역업의 역사적인 특성을 이해하기보다는 노동기준법의 잣대로서 하역노무의 노동조합에 그대로 적용하고자 한 것이다.

탄원인들은 노동조합 하에서 십장제도가 제도적으로 수용되기 어렵다는 사실을 지적함과 동시에 십장들의 횡포를 지적하기도 하였다. 또 십장들의 노무배치에 대한 권한 때문에 노무자들의 작업장이 고정되지 않음으로서 생활안정이 보장되지 않다는 점도 지적하고 있다. 노임을 상습적으로 체불하고 있는데, 3~4개월은 기본이고 1년 심지어는 3년간 노임을 체불하고 있다는 것이다. 이들 반장이 노조간부이기 때문에 일언반구의 항의도 할 수 없었다.

탄원인들은 십장제가 폐지되지 않는 원인들을 노조간부의 입장, 하

---

141) 전국항운노동조합연맹(2009상), pp.260~269 내용 정리.

142) 1958년 '보건사회부장관의 경기도지사 앞 공문'에 수록된 내용으로서, 전국항운노동조합연맹(2009상), p.263 참조.

역회사의 입장 그리고 정부당국의 입장 세 가지를 분석 제시하고 있다. 탄원서와 진정서는 십장제도가 노동자를 위한다는 구실로서 노동자들의 약점에 편승하여 도리어 노동자의 권리주장을 억제하며 착취한다는 사실을 다음과 같이 지적하고 있다.

"첫째, 노조간부의 모리(謀利)의욕과 그릇된 노조관에 기인합니다. 노조간부인 십장은 노조를 이권시하고 있습니다. 즉 개인의 모리의 수단으로 생각하고 '각종 노무관리를 담당하는 고로 수개 몫을 취득함은 지극히 당연지사이다'라고 공언까지 합니다.

둘째, 하역회사에서도 그 폐지를 원치 않습니다. 하역회사에서도 십장제가 부당한 것을 이미 주지하고 있는 바이나 경영자측으로서는 십장제로서의 직접적인 손실이 없다고 볼 뿐 아니라 도리어 이를 교묘히 이용함으로서 경영이 안일하여진다는 것입니다.(정상적인 경영은 노동법을 준수하여야하며 작업의 과학적 관리 내지는 경영의 합리화 등 많은 노력을 필요로 할 것입니다.) 즉 노조분회장 또는 반장에게 작업을 하청줌으로서 노무자들의 회사에 대한 권익주장은 그들이 견제하며 노임의 저감 또는 체불 등을 방조하고 재해보상 등 노동법상의 사용자로서의 의무와 노임지불을 비롯한 노무관리작업관리 등의 번잡성을 피할 수가 있다는 것입니다.

셋째, 노동행정당국의 십장제폐지에 대한 애매한 태도입니다. 당국에서는 십장제도는 노조법 제3조에 저촉되며 근로기준법 제8조 제26조 위반임을 지적까지 하면서도 아무런 조치도 없이 한갓 시정하라는 주의정도로서 그치고 있는 것입니다. 그 뿐만 아니라 그것이 폐지되기도 전에 십장제의 두목인 인물을 근로자를 대표하는 노동위원으로 임명하여 노동행정에 참여케하여 일반의 여론과 기대에 위배하고 있습니다."[143]

---

143) 1958년 대한노총 인천지구노동운동조합연합회 사무국장 앞으로 제출된 진정서로,

1959년 6월 노조원 3인은 자유연맹이 저율의 노임인상에 동의하며 관련 간부들이 횡령했다는 의혹을 제기하였다. 이들은 십장(부두노조간부)들이 하역회사와 결탁하여 국고금과 노임을 횡령하였다고 주장하였다. 관련 간부들은 이것이 허위날조라며 반박하였는데, 이들에 대한 권력의 집중과 남용은 정부여당(자유당)의 비호 하에 계속되었다. 그 내용들은 이러한 현실적 관행들을 법률 제도가 명시적으로 수용하지 못하고 있었기 때문에 발생한 오해일 수도 있고, 다른 한편으로는 불법적인 관행들을 현실적 관행의 명분 아래 숨겨져 있었던 것이라 할 수도 있다.

> "한국운수주식회사는 비료조작(肥料操作)의 독점을 기화로 하여 국고금 23억여환을 횡취하였을 뿐만 아니라 심지어는 십장(부두노조간부)들과 야합하여 12억 2천여환의 일노임마저 횡령하고 있습니다. … 비료조작에 있어서 금반과 같은 부정이 개재하게된 원인은 「장기독점」 그리고 「노조의 십장제」란 점을 열거하지 않을 수 없습니다. 즉 장기독점은 요율책정의 미비를 틈타서 23억2천여만환의 국고금을 횡취하고 노조의 십장제는 노동자의 권익주장을 억제함으로서 노임 12억2천여만환을 횡령하였습니다. …
> 한국운수에서는 이 십장제를 교묘히 이용하려는 것입니다. 즉 정상적인 노조라면 사용자(회사)와의 노임협정은 노조법에 규정된 바에 의하여 노조총회에서 공개되고 결의되어야 하는 것입니다. 그러나 십장제도하의 노조에서이면 노조간부인 십장의 개인 의견만으로 총회에 부의하지 않고도(不法이지만) 이것이 통용되는 것입니다. 한국운수는 십장들에게 작업을 하청부 줌으로 회사에 대한 노동자들의 권익주장을 견제할 수가 있고 또 조작비에 대한 것도 그 비밀을 보지할 수가 있는 것입니다. 그것은 비료조작을 직접 담당하는 노무자들은 조작비가 공개되면 누구보다 먼저

전국항운노동조합연맹(2009상), pp.263~269 참조.

그 미비점과 모순을 적발할 수가 있기 때문입니다. 이와 같이 십장제도는 비료조작비의 미비점과 모순을 음폐하고 이에 편승하기에 가장 알맞은 제도인 것입니다. 만약 십장제도가 감행되지 않는 어떤 한 지방에서 비료 조작에 대한 노동쟁의가 발생하였을 경우 한국운수에서는 전국적으로의 만연을 예방하기 위하여 하역과 수송을 담당하는 노조의 연합체를 강력히 장악하고 있어야 할 것입니다. 이것이 바로 대한노총 전국자유노동조합연맹입니다."[144]

정치적 혼란기에는 관행과 합법의 격차는 더욱 증폭될 수밖에 없을 것이다. 정치적 혼란기에는 차분한 논리에 의한 해결책이 모색될 수 없었기 때문이다. 이러한 정치적 혼란기에는 제도보다는 인원의 교체를 통한 해결이 모색되었다. 1960년의 4·19혁명 이후 대한노총을 비롯한 각급노동조합의 기존 집행부는 자유당의 앞잡이 역할을 했다는 이유로 조합원들로부터 배척과 비난을 받았고 이 때문에 사퇴할 수 밖에 없었다. 모든 노동조합은 개편대회 또는 수습대회를 개최하고 새로운 집행부를 출범시켰다.[145]

자유연맹도 예외가 될 수 없었다. 1960년 8월 7일 서울노동회관에서 전국 각항부두 노조대의원들이 참석한 가운데 개편대회를 열고 새로운 자유연맹이 출범하게 되었다. 새로이 출범한 자유연맹은 노임인상 투쟁을 위해 파업을 단행하며 교섭을 진행하였다. 그러나 노임인상 교섭이 계속되었으나 큰 변화가 생기기는 어려웠다. 당시 정국은 모든 분야에서 시위가 계속되고 있었고 국회는 국회대로 진흙탕 싸움이 계속되는 바람에 정부 역시 불능상태나 다름없었기 때문이다. 이러한 상태로 계

---

144) ˙진정서, 1958년 11월 28일˙; 전국항운노동조합연맹(2009상), pp.284~296.
145) 전국항운노동조합연맹(2009상), p.307.

속되다가 1961년 5·16 군사정변을 맞게 되었고, 군사정부의 포고령 6호로 모든 사회단체가 해체되어 버렸다.

5. 전국노조 체제하의 독점적 근로자공급사업
(1960~70년대의 경제개발과정)

5·16 군사정부는 정변 직후의 혼란을 막고 건전한 질서를 유지하기 위하여 계엄 사령부 공고 제3호로서 '경제질서회복에 관한 특별 성명서'를 발표하였고 성명서 8개 항에 의거하여 모든 노동쟁의를 일절 금지하였다. 이어 5월 21일에는 최고회의 포고령 제6호로서 사회질서의 재편과 국민생활 및 안보를 위해 모든 정당 및 사회단체를 해체함에 따라 전국의 노동조합도 모두 해산될 수밖에 없었다. 그러나 군사정부는 곧 경제성장을 위한 경제개발계획을 추진하는 데에 노동자의 적극적인 참여가 필요하다는 것을 느끼게 되었다. 이에 노동자들이 자신의 기본 권리를 자유로이 행사할 수 있도록 1961년 8월 3일, '근로자의 단체활동에 관한 임시조치법'과 '사회단체 등록에 관한 법률 중 개정법률'을 공포하여 자율적이고 민주적인 노동조합 활동을 보장하였다.[146]

노동조합의 재건이 허용되자 전국의 노동자대표자들은 건전하고 새로운 산업별 대단위 조직체계의 확립을 목표로 한 '한국노동단체재건조직위원회'를 결성하였다. 재건조직위원회는 각 산업별로 조직위원들을 위촉하여 15개 산업별 단위노동조합을 결성하고 이를 바탕으로 1961년

---

146) 전국항운노동조합연맹(2009상), pp.327~328.

8월 30일에 한국노동조합총연맹(한국노총)을 결성하였다. 노동조합을 재편성함에 있어서는 종래 노조의 폐단인 노조상호간의 반목, 마찰, 분파작용을 피하고 대동단결하기 위해 군소 노조의 설립보다는 전국적 단일노조가 필요하다고 보아 노조재편성의 방향을 산업별 노동조합제도로하였다.[147)]

> "5·16 군부가 개발독재를 구상하면서 노동조직의 성장을 유도하게 된
> 이유는 당시 노동조합 재건조직위원으로 선택된 이들의 꾸준한 설득에
> 기인하는 것이었다. 산업별 조직체제로 노동운동이 전개되고 있던 독일,
> 오스트리아 등 지구 여러 나라들에서 노동조합의 위치는 대단하지만 불
> 필요한 노동분쟁이 적으며 산업발전에 협력적이라는 점, 그리고 기존에
> 는 소속 산업별에 중앙조직의 통제로 노동 쟁의권이 잘 구현되지 못했다
> 는 점과 같은 이유를 들어 군부를 설득해낸 것이다. 여기에 군부는 행정
> 적, 정치적으로 영향력을 가진 산업별 노동조합의 성장은 경제 및 산업발
> 전에 도움이 될 것이란 판단을 하였고 일부의 반대에도 무릅쓰고 이러한
> 산업별 노동조합을 허용하였다."[148)]

5·16 군사정변 후 재건위원들은 자유연맹의 세력을 약화시키기 위하여 부두와 육운을 서로 독립적으로 분리시키기로 하였다. 전국운수노동조합(全國運輸勞動組合)은 전국 철도의 하역작업과 창고하역작업 그리고 각종 자동차산업과 항공산업에 종사하는 노동자들로 구성되었다. 전국부두노동조합은 전국의 항만에서 하역 및 그 부대작업에 종사하는 노동자들을 단일 산업별 조직으로 발족한 것이었다. 과거 각 항별로 분산된

---

147) 전국항운노동조합연맹(2009상), p.335.
148) 전국항운노동조합연맹(2009상), p.334.

독립부두조직의 연맹체였던 자유연맹과는 조직체제와 운영체제상 전혀 다른 새로운 조직체로 태어나게 된 것이었다.[149]

1962년 8월 전국부두노동조합은 18개 항만에서 18개의 지부를 결성하며 조직 정비를 마쳤다. 새로운 집행부는 과거 부두노동계에 존재하던 부패와 무질서를 정화하고자 노력하였다. 그 노력의 일환으로 조합원 등록제, 반장제도 폐지, 노임직불실시 및 잡부금 거출방지를 4대 방침으로 채택하고 이 목표를 달성하기 위해 끊임없이 노력하였다.[150]

조합원 등록제는 십장, 반장 등 중간자에 의한 하역노무자의 모집 및 배치, 취업 등 인사관련 일들에 대한 부패와 부조리를 불식하겠다는 취지에서 채택되었다. 항만하역노동자의 취업 및 동원의 공정화와 취업의 균형을 제도화하는 방안으로 조합원 등록제를 채택하여 실시하였다. 1961년 11월 1일, 제1차 중앙위원회에서 조합원 등록제 실시요령이 제정되었고 이 제도를 실시하기 위한 다른 준비들도 갖추었다. 이 요령과 제도에 따라 먼저 각 지부는 등록자격심사위원을 구성하고 기존 조합원들의 등록신청을 받아 결격사유를 심사하여 큰 지장이 없는 한 등록시켰다. 그리고 신규 등록의 경우는 하역노무동원의 수급상황에 비추어 엄격한 심사에 의해 등록을 받았다. 과거 반장들 자의에 맡겨졌던 조합원들 인사문제의 폐단과 부조리를 새로운 방법을 통해 해결하기 위해 노력하였다.[151]

조합원 등록제와 함께 새로운 집행부는 폐단이 많았던 반장제도를 폐지하고 직장연락위원제로 전환하고자 하였다. 연락위원의 역할과 기능

---

149) 전국항운노동조합연맹(2009상), pp.336~339.
150) 전국항운노동조합연맹(2009상), p.353.
151) 전국항운노동조합연맹(2009상), p.354.

에는 과거 반장이 지니고 있던 노무동원기능이 배제되었고 일선작업장
과 조합원들에게 조합의 지시와 명령을 전달하는 조합대표의 자격으로
직장위원과 같은 성격과 기능을 갖도록 하였다. 연락위원의 임무를 규
정한 조직요강 제18조 1항의 '작업통솔', 2항의 '당일작업량에 대한 기업
주와의 대조 사고발생에 대한 사후대책의 강구', 3항의 '조합의 취지 및
결의 지시사항을 조합원에게 전달', 4항의 '당일 발생한 사고 및 조합원
들의 의사보고' 등을 통해 연락위원의 임무를 짐작할 수 있다.

연락위원들에게는 노동조합의 현장 직책자로서의 의무가 주어져 있
고, 작업면에 있어서는 노동조합의 명령에 따라 조합원들을 통솔하는
역할 그리고 사용주와는 작업현장에서 노동조합의 현장대표자로서의
의무가 주어져 있었다. 즉 종전 반장이 갖고 있던 독립적인 위치와 기능
이 많이 배제되었다. 그러나 조합이 의도하는 새로운 제도의 실시는 우
리나라 항만하역산업의 상황이 별 다른 변화가 없었고 고용관행 역시
임시고용형태가 지속되었기 때문에 기대한 만큼의 성과는 거두지 못하
였다. 심지어는 과거의 반장제도와 별 차이가 없다는 소리가 나오기도
하였다.[152] 연락위원의 노무동원 연락업무와 과거 반장의 노무동원행위
와 별다른 구분이 되지 않았던 것이다.

또 다른 시책으로는 노임직불제의 도입과 잡부금거출제도 폐지를 추
진하였다. 그러나 노임직불제는 실시되지 못하였고 작업반 또는 분회
단위로 간접지불제가 존속함으로써 연락위원은 노임의 대비뿐 아니라
일괄수령과 분배업무를 여전히 맡게 되었다. 즉 비록 기능 자체는 약화
되었지만 기존의 반장이 수행하던 여러 역할과 큰 차이가 없는 것처럼

---

152) 전국항운노동조합연맹(2009상), p.356.

느껴질 수밖에 없었다. 여러 작업여건으로 인해 노임직불은 사실상 결의대로 시정되지 못하였다. 그러나 넷째 항목인 잡부금거출금지는 조합의 의지에 따라 시행될 수 있는 부분이었기 때문에 강력한 지도와 계몽으로 완전히 시정할 수 있었다.[153]

정부는 1963년 4월 17일과 12월 7일 노동조합법, 노동쟁의조정법, 노동위원회법을 개정하고 12월 16일에는 노동쟁의 조정법과 노동위원회법을 다시 개정하였다. 이들외에도 노동관계와 노동시장, 사회복지와 관련된 직업안정법(1961. 12. 6), 선원법(1962. 1. 10), 산업재해보상보험법(1963. 11. 5), 의료보험법(1963. 12. 6) 등을 차례로 제정·공포했다. 이 당시에 이루어진 노동조합 활동과 관련된 법 개정내용의 특징은 노동조합의 조직과 운영에 관하여 행정관청의 개입을 강화하였다는 점이다. 노동조합 설립을 허가주의로 바꾼 것, 공익을 해할 우려가 있는 경우에 노동조합의 해산 및 개선을 명령할 수 있게 한 것, 노동조합임시총회소집권자를 행정관청이 임명하게 한 것, 노동쟁의의 사전 적법성 판정, 쟁의행위에 대해 사태가 급박할 경우 중지명령 등 여러 방법들을 통해 행정관청의 간섭 범위를 확대하였다. 심지어 노사교섭이 결렬되어 노조측이 쟁의를 계획하더라도 사실상 실제 행위로 이어지기는 상당히 힘든 상태였다.[154]

1961년에 제정되어 1962년부터 시행된 직업안정법에서는 근로자공급업을 금지하였다. 그런데 이 조항은 1967년에 직업안정법이 개정되며 '다만, 노동조합법에 의한 노동조합이 노동청장의 허가를 받아 무료의 근로자 공급사업을 행할 때에는 예외로 한다'는 단서조항이 추가되

---

153) 전국항운노동조합연맹(2009상), p.357.
154) 전국항운노동조합연맹(2009상), p.326.

었다. 그리고 '근로자공급사업'은 노동조합이 공급계약에 의하여 근로자를 타인에게 사용시키는 것으로 정의하고 있다. 이는 곧 노동조합이 조합원을 자신의 근로자로 간주한다는 것을 의미하므로, 노동조합이 곧 사용자로서의 책임을 담당한다는 것을 규정하는 것이라 할 수 있다. 1967년 노동조합이 법적으로 항만하역 노동공급권을 인정받으면서 법적인 논란은 상당 부분 해결될 수 있었다. 즉, 노동조합은 일면 노동공급자의 기능을 수행하면서 동시에 항만하역사업자를 대행하여 항만하역 노무관리를 부분적으로 담당하는 두 가지 역할을 수행하는 주체가 된 것이다.

노무자들의 십장에 대한 신분적 예속관계는 사실 경제적 상황에서 비롯된 측면이 있다. 항만 유입(流入) 노동자에 대한 적절한 대책의 불비(不備) 때문에 과잉노동력의 항만유입은 항만노동자의 고용과 수입의 불안정을 가져오게 하였다. 그에 따라 십장은 그의 고용권한과 궁핍한 노동자에 대한 임금가불 등 은혜적 배려로 노동자를 신분적으로 예속시켰다고 할 수 있다. 십장 및 반장과 노무자 사이에는 여전히 봉건적인 규율이 작동하여 신분적인 예속관계가 지속되었다. 따라서 노동자의 취역이나 노동조건 선택, 노임분배 등이 제대로 이루어 지지 못하였다.[155)]

1970년대 말까지 부두노동조합의 역할을 통해 부두노동자에 대한 처우가 점차 개선되기 시작하였다. 전국부두노조가 임금정책을 수행할 수 있었던 것은 과거와는 달리 전국적으로 단일한 산업별 조직이 형성되었기 때문이었다. 산업별 조직의 강한 연대와 획일적인 조직력이 아니었

---

155) 전국항운노동조합연맹(2009상), pp.353~354 참조. 이규창(1974) 교수의 연구를 인용하고 있다.

다면 불가능한 일이었을 것이다. 이 기간 중에 이루어졌던 중요한 변화는 다음과 같다.[156]

첫째, 노임일원화를 들 수 있다. 항만하역임금은 정부가 관수물자(官需物資)의 대화주(大貨主)인 관계로 하역료가 정부예산과 관련이 될 수밖에 없었다. 민수(民需)의 경우에는 초창기부터 외국 선박과 관계를 맺고 있는 경우가 많아 관수보다 상대적으로 높게 하역료가 책정되었다. 이런 이유들로 관수요율(官需料率)과 민수요율(民需料率)간에 차이가 있었을 뿐 아니라 관수요율의 경우 부처에 따라서도 농림부요율, 조달청요율, 국방부요율, 전매청요율 등 각기 서로 다른 요율이 적용되고 있었다. 따라서 부두노동자들은 동일한 작업임에도 불구하고 화주에 따라 각기 상이한 노임을 받는 상황에 처해 있었다. 1974년 12월 18일 기존시행요율인 민·관수를 완전히 통일시킴으로써 노임일원화가 이루어졌다.[157]

둘째, 퇴직금제도를 성취하였다.[158] 부두노동자들은 항만하역에 수년 혹은 수십년씩 종사하여 왔는데도 근로기준법상으로 불특정 다수의 사용자, 비상용 일용노동자라는 이유로 법에 보장된 퇴직금제도의 혜택을 받지 못하고 있었다. 한 노동자가 한 작업장에서 수년 또는 십수년의 하역작업을 하여 왔더라도 법적으로는 한 기업에서 고정적으로 근로해야 한다는 근로기준법의 퇴직금 적용 기준에 부합하지 못한다는 해석을 받아 왔던 것이다. 부두노동조합은 꾸준히 퇴직금제도화를 위해 매년 정부에 건의하고 사용주에 요구하는 한편 1977년 임금인상 요

156) 전국항운노동조합연맹(2009상), p.364.
157) 전국항운노동조합연맹(2009 상), p.395.
158) 전국항운노동조합연맹(2009상), pp.397~399.

구시에 노임 외에 후생복지비의 지급도 요구하였다.

후생복리비 제도가 도입 확대되면서 퇴직금 제도가 채택되었다. 이는 하역기업은 노동자에게 노임만 지급하는 것으로 그 관계가 끝난다는 기존의 사고 방식을 뒤집는 것이었다. 부두노동조합은 이 후생복리비를 기금으로 하여 퇴직자들에게 얼마간의 퇴직위로금을 지급하는 임시적인 방편을 마련하였다. 예를 들면 인천지부는 이 기금을 지부의 공제회기금으로 하여 공제회 사업에 '조합원 탈퇴위로금 지급제'를 설정하였고 부산지부 등도 종전의 쟁의기금과 이 후생복지비를 기금으로 탈퇴위로금을 지급하는 제도를 만들었다.

전국부두노조는 항만하역산업이 기계화 등으로 여러 제도의 개선이 불가피하게 되자 제도개선 대책을 마련하기 연구들을 수행하였다. 외국의 선례는 퇴직금 제도 등 정책을 변경시키는데 큰 도움을 주었다. 1978년 4월 1일 새로운 요율을 고시할 때 퇴직충당금을 하역요율원가에 포함시킴으로써 부두노동자의 수십년간의 숙원이었던 퇴직금제도가 실현되었다. 1978년 12월, 부두노동자퇴직충당금관리위원회를 노조측과 회사측 동수로 구성함으로써 공동관리제를 확립하였다.

셋째, 노동조합이 근로자공급사업 허가를 취득하여 하역회사와 하역노동조합(운수노조, 부두노동조합) 간에 공식적인 단체협약을 통해 클로즈드샵(Closed Shop) 형태를 취했다. 이는 노동조합의 조합원에 한하여 항만노무를 허용하는 방식이었다. 그러나 이러한 형식의 고용관계는 국가의 노동법상 여러 가지 문제점을 야기하였다. 이 제도는 사실 구체적인 세부 사항이 없어 하역산업(운수 및 부두) 노동조합들의 특수한 고용관행을 법적으로 용인하는 것이었다. 직업안정법에서 규정하고 있는 행정관청의 감독 또는 노동조합의 공급상황에 따른 주기적 보고 등과 같은 세

부 항목들에 대해서는 충분한 준비가 이루어지지는 못하였다.[159]

넷째, 공동배치제도를 도입하였다. 하역작업은 물자별 또는 작업형태별로 요율이 다르며 따라서 작업임금도 다르다. 또한 작업 장소의 차이도 작업노임에 영향을 준다. 더구나 물동량에 따라서 동원되는 인원도 작업에 투여되는 기계의 유무 등 여러 가지 변수가 많기 때문에 일정할 수가 없었다. 중량화물의 경우에는 기계의 상당한 작업이 이루어지기 때문에 양곡 등의 작업에 비해 노동자의 노임이 상대적으로 높았다. 또한 부두별로 해당 작업의 종류가 이미 정해진 경우가 많기 때문에 부두별로도 조합원들의 소득에 격차가 있었다. 이러한 문제를 해결하며 조합원들의 취업기회 균등과 임금평준화를 도모하는 것은 매우 어려운 문제였다. 전국부두노조 인천지부는 항만하역 물량이 증가하고 기계화가 확대됨으로써 하역공정 및 노동구조가 급격히 변화하는 상황 속에서 취업기회의 균등화와 임금평준화를 위해 공동배치제를 처음으로 실시하였다.

전통적인 배치방식은 부두별·작업장별 전속배치방식이었다. 전속배치 방식은 노무관리가 용이한 대신 노동자의 임금이 부두별·작업별로 격차가 초래되고 작업 기회균등의 원칙에 부합되지 못하는 단점을 갖고 있다. 그런데 한 항만에 다수의 하역업체가 존재하는 경우에는 노동조합에게 노동력을 풀(pool)로 등록·보유하도록 하여 각 하역회사는 필요한 만큼 인원을 요청해서 사용하는 방법도 가능할 것이다. 수평적 이동배치 방식인 노동풀제는 물동량의 파동성에 따른 고용 및 임금의 불안정성을 어느 정도 해소시켜 주는 제도이다.

---

159) 전국항운노동조합연맹(2009상), pp.416~417.

〈표 5〉 전속배치제와 노동풀제의 장·단점 비교

구분	부두별·작업장별 전속배치제	노동풀제
장점	– 노무관리 용이 – 작업환경에 대한 노동자의 적응용이 – 개인별 능력 및 적성과 작업의 특성을 고려한 업무배치 가능 – 작업장 또는 하역회사에 대한 노동자의 애착심 고취	– 유휴 노동력의 최소화 – 작업량 및 임금분배의 균등화 달성 – 물동량의 불규칙한 변화에 대처용이
단점	– 임금의 불균등 – 물동량 감소 시 노동력의 유효화 및 불안정고용초래 – 노동자의 부두배치 과정에서 이해관계대립으로 분쟁발생 소지가 큼 – 물동량이 불규칙적인 변화에 대응곤란	– 노무관리의 어려움 – 취급품목 및 작업환경의 변화로 노동자 적응·곤란 – 작업장 또는 하역회사의 대한 노동자의 적응 곤란 – 작업장 또는 하역회사에 대한 노동자의 애착심 결여로 근무자세 해이
적용 항만	부산, 진해, 삼천포, 충무, 포항 등	인천, 울산, 동해, 여수, 제주 등

출처: 김승택외(2006), p.11

공동배치제도가 확대되면서 클로즈드샵 강화, 노무공급의 원활화, 작업질서확립 및 조직력강화 등이 이뤄졌지만 또 비조합원 취업억제와 함께 비조합원에게 가던 임금이 조합원에게 돌아가는 효과도 나타났다. 즉 불가피한 임시동원인력의 필요를 없애고 비번의 조합원에게 취역기회를 줌으로써 조합원들의 소득을 증대시킬 수 있었다. 또한 기계화에 따라 인원감축이 필요한 때에도 인원감축 없이 인원재배치로 대처할 수 있었다. 이를 통해 여러 분회간의 불화를 해소하고 작업반의 재배치에서 올 수 있는 부패를 방지할 수 있었다.[160]

60~70년대의 경제개발 성공은 수송화물의 증가, 항만하역산업의 경

---

160) 전국항운노동조합연맹(2009상), p.420.

기호조를 가져왔고 부두노동자들은 작업의 증가에 따라 소득도 증대하면서 점진적으로 경제적인 상태가 호전되기 시작했다. 사실 우리나라의 노동시장은 1970년대 중반을 경계로 하여 루이스(Arthur Lewis) 전환점이 나타났다. 무한탄력적 노동공급시대를 끝내고 노동시장에서 점차 시장기능이 작동할 수 있을만큼 노동수요가 증가하였다. 이 때부터 노동시장에서 가격기능이 작동하면서 노동자들의 실질임금이 상승하기 시작하였다고 평가된다.[161]

그런데 하역물량의 급격한 증가를 감당할 만큼 항만시설이 갖추어지지 않아 문제가 많았다. 그리하여 정부는 항만건설 사업을 1960년대부터 본격적으로 시작하였으며 또한 물동량의 증가로 인해 하역회사도 점차 설비에 투자하기 시작하였다. 여기에 컨테이너 수송이라는 수송체제의 혁신적인 변화가 일어났고 이어서 항만하역작업이 기계화되면서 여러 문제점들이 나타나기도 하였다. 부두노동자들이 이러한 새로운 변화에 직면한 것이 1970년대 항만하역산업의 모습이었다.

6. 기계화로 인한 하역노무의 상용화 (1970∼1980년대)

1961년 5·16 군사정변 직후 8월과 9월에 자유연맹은 전국운수노동조합과 전국부두노동조합으로 분리되며 독자적인 산업별 조직이 되었다.

---

161) 노동시장에서 루이스 전환점이란 1979년 노벨 경제학상 수상자인 아서 루이스(A. Lewis)가 제시한 것으로 개발도상국에서 농촌의 저렴한 인력으로 급속한 산업발전을 이루지만, 농촌의 노동력이 도시로 이동하면서 노동력이 고갈 되는 시점에 임금이 급등하고 성장이 둔화되는 것을 말한다. 배무기(1982)에 의하면 우리나라는 1975년경 루이스 전환점을 통과한 것으로 평가된다. 김수곤(2006), p.265 참조.

이들이 자유연맹이라는 전국적인 단일 조직아래 있었을 때에는, 항만하역작업은 부두조합에 철도역의 소운송작업은 운수조합에 속하여 서로간의 관할권 분쟁이 없었다. 그러나 두 조직이 별개의 조직으로 결성되고 난 후에는 두 조직의 경계선상에 있는 작업을 둘러싸고 격심한 분쟁이 벌어졌다. 부두지역 내로 들어와 있는 철도인입선의 상하차 작업에 대해 부두노조와 운수노조는 각기 자체의 관할이라고 주장하였는데, 이는 가장 대표적인 분쟁이었다. 또한 두 조직 산하의 지역지부들 사이에서 알력 다툼 등이 나타나면서, 엄연히 구별될 수 있는 작업분야들이 분규에 휘말리는 등 두 노조의 다툼이 전국으로 확산되었다.[162]

1979년 6월 전국부두노동조합은 전국항만노동조합으로 그 명칭을 변경하며 그 관할권을 부두에서 항만으로 확대하고자 하였다. 이러한 움직임에 따라 전국항만노동조합과 전국운수노동조합은 컨테이너 야드의 관할권을 두고 1979년에 들어와 도를 넘는 마찰이 사회문제로까지 확대되었다. 1980년 전두환 정권이 들어서며 국가보위에 관한 특별조치법을 제정하고 '노동조합정화지침'을 만들었는데, 여기서 양대 조직의 통합이 정화 방침의 하나로 정해졌다. 이에 따라 1980년 9월 19일 양 조직은 해산되어 통합 대의원대회를 통해 전국항운노동조합이 탄생하게 되었다.[163]

전두환 정권이 1980년 8월 한국노총에 시달한 '노동조합정화지침'의 주된 내용은 1980년 6월과 7월 사이에 한국노총 및 17개 산별노조와 39개 지역지부에 대한 감사결과를 토대로 하고 있었다. 노조임원들의

---

162) 전국항운노동조합연맹(2009상), p.349.
163) 전국항운노동조합연맹(2009하), pp.33~35.

비위, 부조리, 회계상 부정, 횡포 등이 극심하여 조합원들의 지탄과 원성이 고조되고 있음을 지적하였다. 그러면서 각급 노조는 자체 정화운동을 강력히 추진하여 노동계에 참신한 기풍을 진작하여 근로자의 신뢰를 회복하고 노사협조를 강화하도록 요구하였다. 노조임원들의 각종 행태에 대해서는 의당 간부 전원을 숙정(肅正)하고 부당치부 재산을 추적 환수하여 형사처벌 등 엄정 조치하여야 하나 정상을 참작하여 최소한의 조치에 국한한다고 엄포를 놓기도 하였다.[164] 그리고 1980년 12월 31일 노동조합법을 개정 공포하여 노조의 조직형태가 산업별 체제에서 기업별체제로 전환되도록 하였다. 이에 따라 항운노조의 각 지부는 지역단위노동조합으로 개편되었다.

1980년대에 들어와 항운노조 활동에 대한 심각한 위협은 이러한 정치적 압력뿐만 아니라 하역작업의 근본적인 변화에서도 나타나기 시작하였다. 1960~70년대 경제개발계획의 성과가 가시화되면서 국내외 화물물동량이 증가함으로써 하역작업의 기계화에 대한 요구가 지속적으로 제기되어 왔다. 전세계적으로 가시화되고 있는 하역작업의 기계화에 발맞춰 우리나라에서도 지속적으로 커지는 하역수요에 대응하기 위하여 제반 시설에 대한 투자를 확대할 필요가 나타났다.

우리나라 최초의 하역작업 기계화는 1958년 7월 국제협력국(ICA)의 원조자금으로 부산 부두에 도입한 기중기 20대, 지게차 230대, 윈치 5대 등이었다. 가대기·목도 등 주로 인력을 이용하던 작업장에 한꺼번에 수 톤의 화물을 들어 이송·입고·상차 등을 처리하는 '괴물'이 들어오자 노동자들은 경악을 금치 못하였다. 이 기계들의 도입으로 인해 당시

---

164) 전국항운노동조합연맹(2009하), p.42.

21,900명에 달하던 부산부두 노동조합원 중 절반 이상이 작업장을 떠날 형편이 되면서 기계화 분규라는 새로운 분쟁을 낳게 되었다.[165]

기계화 분규로 심각한 노사분쟁이 발생한 사건은 1969년 5월 장항 풍농비료공장이 컨베이어 시스템을 도입하면서 나타났다. 컨베이어 벨트의 설치로 기존의 6단계 하역작업들이 축소되면서, 해당 단계의 작업에 종사하던 작업원들이 실직하게 된 것이다. 당시 풍농비료주식회사(갑)와 전국부두노동조합(을)이 합의한 내용은 다음과 같았다. 첫째, 갑은 우마차(牛馬車)를 정상 시가에 의하여 기계화 가동시까지 인수한다. 둘째, 우마차반(조합원중) 희망자를 우선취업시킨다. 셋째, 갑은 을에게 기계화시설로 인한 우마차 반원의 실업자에 대한 실업보상금으로 일금 810만원을 1969년 말까지 모선입항시마다 을의 요구하는 방법에 의하여 지불한다. 넷째, 기타작업권(본선잔교이송, 상차)은 영구보장한다.[166]

기계화 작업은 1970년대에 들어와 더욱 가속화되었다. 1971년 울산 삼양제당공장에서 원당 포장물의 하역작업 기계화를 위시하여 속초항에서는 철광석작업을 완전기계화하였고, 또한 1973년 부산항과 1975년 인천항에서는 양곡작업에 싸이로 시스템을 도입하였다. 하역기업들은 앞다투어 시설을 확충하고, 장비를 도입하였으며 이에 대한 반작용으로 각 항구에서는 기계화에 따른 분규가 빈번하게 발생하였다. 1975년 10월 부산·인천 등 RO-RO선 도입 분쟁, 1977년 부산항의 겐트리 크레인 설치에 따른 분쟁, 제주-부산 간 카페리호 취항에 따른 감귤수송의 컨테이너화로 야기된 분쟁 등 해가 바뀔수록 기계화에 따른 분쟁은 더욱 심해졌다. 대부분의 경우 기계화에 따라 나타나는 이익을 사용주와 부

---

165) 전국항운노동조합연맹(2009상), p.371.
166) 전국항운노동조합연맹(2009상), p.377.

두노동조합 간에 분배한다는 원칙에 따라 적절한 수준의 조건으로 합의를 보고 분쟁은 해소되었다.[167]

기계화와 함께 항만하역에 컨테이너가 도입되면서 항만하역업은 혁신적인 변화가 촉발되었다. 컨테이너가 도입되면서 선박의 적재 및 하역 속도가 상당히 빨라졌고, 그에 따라 선박이 항만에서 지체하는 시간도 상당히 단축되었다. 물류산업 전반에 걸쳐 규모의 경제가 나타나면서 선박의 대형화와 함께 대규모 화물을 뒷받침할 수 있는 창고와 적재장소가 필요하게 되었다. 이러한 규모의 경제는 기계화와 이를 뒷받침하는 하역의 표준화로부터 비롯되었다.

각종 장비를 설치하는 데에 상당액의 투자가 필요하므로 항만하역업은 점차 대규모 자본설비가 필요한 장치산업으로 변모하기 시작하였다. 이러한 규모의 경제로 인하여 운송물량은 충분한 저장시설과 하역장비를 가지고 있는 주요 항만에 집중하게 되면서 항만에서의 집적효과가 나타나게 되었다. 기계화·자동화의 진전은 필요 노동력의 질적·양적 변화를 초래하였다. 육체노동 중심에서 기술노동 중심으로 변화하여 육체적 능력보다는 기계조작 및 관리를 위한 기능이 필요로 하게 된 것이다.

노동조합 역시 이러한 변화를 수용하기 시작하였다. 세계적으로 컨테이너 운송이 증가하는 추세인데 우리나라만 컨테이너 운송방식을 거부할 수는 없는 상황이었다. 이에 따라 노조는 컨테이너 전용선 도입을 인정하되 이로 인한 대책을 요구하였다. 그 당시 컨테이너 도입은 이제 시작단계였고 노임만 충분히 지급되면 노조원들의 실업을 보상할 수

---

167) 전국항운노동조합연맹(2009상), p.388~394.

있다는 공감대가 형성되어, 하역업체와 노조 간에 노임단가에 대한 합의를 통해 분쟁들은 원만하게 해결되었다. 당시에 노조는 ① 컨테이너 화물에 대해서도 현행 항만하역요율에 의거하여 하역노임을 지급하고, ② 컨테이너 개폐작업을 노조원들이 수행하며, ③ 새로운 작업방법의 도입으로 발생하는 실업자들에 대해서는 실업보상금을 지급하고, ④ 근로자들이 새로운 작업방식에 적응할 수 있도록 재훈련을 할 수 있도록 기금과 교육훈련기간을 설치할 것을 요구하였다.168)

기계화와 컨테이너 중심의 자동하역이 가능해지면서 항만운영 방식에서도 혁신적인 변화가 나타나기 시작하였다. 급증한 무역량을 수용하기 위해서는 항만시설을 확충할 필요가 있는데, 물류비용 절감을 위해서는 규모의 경제를 최대한 활용할 수 있는 기술을 도입가능하게 하는 항만운영방식이 필요하게 된 것이다. 정부는 항만시설에서 하역의 능률성과 신속성을 제고할 수 있는 효율적인 관리운영 방법을 도모하기 시작하였다. 그것은 각 항만을 물자별로 전문화시켜 전용부두화하여 효율성을 높이는 것이었다. 대규모 장비에 의한 자동하역이 가능하기 위해서는 단위 부두별로 단일의 업체가 하역장비의 운영과 관리를 담당하는 제도, 즉 지정하역회사제도를 도입할 필요가 있었다.

정부가 부두를 물자별, 기능별로 구분하여 특정 하역회사를 지정하여 그 회사가 하역작업을 모두 책임지고 수행하도록 할 때 규모의 경제가 확실히 보장될 수 있을 것이다. 이를 부두운영회사(TOC, Terminal Operation Company System)라고도 하였다. 종래에는 각 하역회사가 하역작업의 각 단계마다 선주 또는 하주와 하역계약을 체결하여 동일 화

---

168) 김형태외(2007), pp.29~30.

물에 대해 여러 하역회사들과 단계별로 하역작업을 수행해야 했다. 이러한 방식 하에서는 하역작업의 단계에 따라 장비를 이동시켜야 하는 등 작업이 비능률적이었고 또 작업 단계별 화물관리의 책임 소재를 분명히 하기 힘든 면이 있어 복잡한 문제가 생길 수밖에 없었다. 각 항별로 여러 하역업체들이 난립하면서 덤핑계약 등 과다한 경쟁을 하면서 여러 가지 부조리한 문제들이 발생하였다.[169]

부두를 물자별, 기능별로 구분하여 작업을 직접 책임지는 부두운영회사제도는 1977년 4월 국제부흥개발은행(IBRD)이 부산항 개발사업에 대한 차관을 제공하며 요구한 것이 효시였다. 각 부두별로 하역업체를 선정하여 전용 사용을 허가함으로써 하역의 전문화를 도모한 것이었다. 당시 정부는 부산항의 자성대부두, 양곡부두, 석탄부두, 고철·광석부두 등에 전용사용을 허가 하였다.[170] 또한 1979년에는 부산항의 기존 영세업체들을 지정하역회사의 요건을 갖출 수 있도록 장비를 집약하고 동시에 기존 32개 업체들을 대단위로 서로 묶었다. 신축된 컨테이너 전용부두에는 비영리법인인 '부산항 콘테이너 전용부두운영회사'를 설립하여 운영을 전담하도록 하였다.[171]

부두를 물자별, 기능별로 구분하는 이러한 부두를, 여러 사업체가 부두를 공동으로 이용하는 기존의 '공영부두'와 구분하기 위하여 당시에는 '개발부두'라고 불렀다. 개발부두는 공영부두에서와 달리 정부의 역할이 다르게 규정되었다. 기존의 전통적인 '공영부두' 제도에서는 정부가 항

---

169) 전국항운노동조합연맹(2009상), p.429.
170) 부산 자성대의 자성대 부두에서는 공기업인 부산컨테이너부두운영공사가 부두를 운영하였고, 양곡부두, 석탄부두, 고철·광석부두 등은 정부로부터 1년 단위로 전용사용허가를 받았다. 정봉민(2004), p.48 참조.
171) 전국항운노동조합연맹(2009상), p.431.

만시설을 건설 소유하고 항만운송사업법에 따라 면허가 부여된 하역업자가 선사나 화주의 요구에 따라 계약을 체결한 후 항운노조로부터 노무인력을 공급받아 항만하역 서비스를 제공하는 방식이었다. 이 방식 하에서는 하역회사들의 하역장소가 고정되지 않아 하역장비의 기계화를 추진하기가 어려웠다.

기존의 방식에서는 하역업체들이 고정된 하역장비에 대한 투자를 할 엄두를 낼 수 없을 뿐만 아니라 화물의 입항, 하역, 보관 등 화물유통의 단계에서 유기적인 운영체제의 구축 및 협력도 원활하지 못하였다. 왜냐하면 선석지정은 지방해운항만청이, 하역은 하역회사가, 노무공급은 항운노조가, 화물의 경비는 부두관리협회(공사) 등이 수행하면서 항만운영에 관한 주체들이 다기화되어 있었기 때문이다.172) 하역활동 중 가장 중추적인 역할을 수행하는 하역업체들이 선석지정, 야적장 사용 등 전후방 연계활동에 대한 결정권을 갖지 못함으로써 화물의 원활한 흐름이 지연되는 비효율성이 초래되었던 것이다.

더구나 하역업체들은 정부로부터 면허제도에 의해 하역권을 확보하고 있었다. 정부는 항만별 하역수입(荷役收入) 총액의 규모에 따라 정수(定數)를 정하여 면허를 발급해주고 있는데, 항만별 하역업체의 정수제(定數制)는 항만운영의 효율성과 무관한 방식이었다. 이처럼 하역업체들이 주어진 방식에 따라서만 업무를 수행할 뿐 하역의 경제성과 효율성을 제고할 유인을 갖지 못하였다.

공영부두 방식 하에서는 선박접안료, 정박료 등 항만시설 사용료와 하역료 등 항만분야의 서비스요금체제가 복잡하고 투자비 회수를 위한

---

172) 유병근(2002), pp.50~56.

원가개념에 입각한 요율체제가 편성되어 있지 않고 대부분 정부의 고시 요금 체제로 요율이 결정되어 왔다. 또한 전국 항만에 일률적인 요율이 적용되고 있어 항만별, 부두별 특성이 거의 반영되어 있지 못한 실정이다. 매번 항만요율의 인상률을 조정하는 정도에 불과해 시설대체나 유지보수 등 비중이 높은 자본비용의 회수가 어려운 실정이었다.[173]

그런데 '개발부두' 방식에서는 하역회사가 단위 부두별로 선석, 에이프런(하역작업공간), 야적장, 창고, 하역시설 등을 일괄하여 전용으로 사용할 수 있기 때문에 작업을 유기적으로 수행할 수 있게 되었다. 하역작업의 범위는 부두에 들어온 선박의 선내하역작업을 비롯하여 선측작업과 입출고작업 등과 창고 및 야적물의 화물관리업무까지 모두 지정하역회사가 직접 담당하게 된다. 하역회사들이 전문성을 발휘하여 부가가치를 창출할 수 있는 작업의 범위가 넓어져 항만의 능률을 최대화할 수 있는 것이다.[174]

그리고 '개발부두'에서는 정부가 '개발부두 전용사용료 산정규정'을 마련하여 별도의 사용료를 징수하였다. '개발부두' 방식에서는 정부가 '부두운영회사'로 전환된 하역회사로부터 높은 임대료를 징수할 수 있었기 때문에 항만시설에 대한 투자재원을 확보할 수 있었다.[175] 정부가 항만시설에 대한 투자재원을 회수할 수 있도록 전용사용료 또는 임대료 체계가 구축되었다는 사실은 곧 부두시설에 대한 투자와 운영이 수익성을 창출하는 사업단위로 전환되었음을 의미한다. 더 나아가 민간업체가 전용부두에서 항만시설을 투자하고 '부두운영회사'라는 직영체제 하에

---

173) 정필수(1996), p.35.

174) 전국항운노동조합연맹(2009상), p.431.

175) 정봉민(2004), pp.47~48.

서 투자비를 회수할 수 있는 기회가 열렸다는 것을 의미한다.

이러한 변화 속에서 정부는 사업단위의 전문성을 제고할 수 있도록 각종 규제를 철폐하며 그 길을 열어야 할 것이다. 더구나 '개발부두'가 아닌 일반부두에서도 전문하역업체가 부두시설에 대한 전용운영권을 가지도록 하는 독립채산제 형식의 부두운영회사제를 도입하는 것이 바람직할 것이다. 그러나 이러한 장점에도 불구하고 '개발부두' 방식에서는 업체들 사이의 원활한 이해조정을 필요로 하는 어려움이 존재하여 쉽게 확대되지는 않았다.

지정하역회사제도 또는 부두운영회사는 부두운영의 효율성과 생산성 향상을 위해 부두의 운영을 민간하역회사에게 위탁운영하는 민간위탁의 일종이었다. 부두운영회사제는 단위부두별로 선석·하역시설 등의 전용사용을 국가가 일괄하여 민간에게 임대하고 하역회사는 임대받은 부두운영의 효율성을 제고시켜 생산성을 향상시키는 책임경영체제였다. 이러한 부두운영회사제는 1970년대 후반부터 시작된 지정하역회사 제도가 전국 항만으로 확대 발전된 제도로 항만운영의 민영화 조치라 할 수 있다. 과거 우리나라 항만은 국가가 소유하고 국가가 운영하는 방식이었지만, 이제는 항만에 대한 소유권은 국가가 보유하지만 민간기업이 항만을 운영할 수 있는 제도가 구축되기 시작한 것이다.[176]

부두운영회사제도가 도입되면서 항만근로자를 상용화할 수 있는 기회가 열리기 시작하였다. 하역업체가 항만근로자들을 고용하기 위해서는 규칙적이고 안정적인 하역물량이 있어야 하고 이를 위해서는 안정적인 운영기반이 있어야 한다. 하역업체들이 일정 규모의 부두시설을 일

---

176) 전국항운노동조합연맹(2009下), p.219.

정기간 임대하여 물량을 확보해야만 고정적으로 인력을 필요로 하게 되고 노조원들을 상용화할 수 있는 것이다. 노조원 입장에서도 마찬가지이다. 자신의 고용주체가 안정적인 물량을 가지고 양호한 경영상태가 유지되어야 고용안정을 보장받을 수 있는 것이다.[177]

그런데 부두운영회사가 전체 노무자들을 일괄적으로 상용노무로 전환하는 것은 불가능하였다. 첫째, 하역작업의 기계화로 노동력에 대한 수요 감소가 불가피하였다. 기계화는 이를 목적으로 하였기 때문이다. 둘째, 시설의 집약화가 이루어짐으로 인해 나타나는 효과이다. 컨테이너 전용부두들이 신설됨에 따라 기존의 각 부두에서 분산취급되던 컨테이너 화물이 전용부두에 집중됨으로써 기존의 부두의 화역량은 줄어들 수밖에 없는 것이었다. 전용부두의 고도화된 기계설비로 인해 소수의 상용노무자를 제외하고는 대부분의 일반부두에서는 하역노무자의 취역이 급격히 감소하였다.[178]

부두운영회사제가 도입된 이후에도 실제 부두에서의 하역작업은 장비운영을 담당하는 하역회사 상용직원이 전담하고 화물의 파동성에 기인한 하역업무는 항운노조로부터 공급받은 조합원이 처리하는 이원적인 하역체제를 그대로 유지하게 되었다.[179] 항운노조는 일부의 기술직

---

177) 김형태외(2007), p.36. 항만근로자의 상용화가 가능했던 또 다른 배경으로는 1970년 대부터 1980년대까지 근로자들의 근로조건이 상당히 개선되기 시작했다는 사실이다. 1953년에 근로기준법이 제정되었지만 실제 산업현장에서는 근로기준법에서 정한 최소한의 근로조건 기준에도 못미치는 열악한 상황에서 일하는 경우가 비일비재하였다. 이에 따라 정부에서 근로감독행정을 강화함으로써 근로자 보호에 나서게 된 것이다. 근로자보호정책은 1970년대 이후 본격화되었는데 근로기준법 위반 사례를 적극 시정하기 위하여 근로감독관 수를 획기적으로 증가시켰던 것이다.

178) 전국항운노동조합연맹(2009상), pp.431~432.

179) 전국항운노동조합연맹(2009下), p.244.

이나 중장비 조작요원을 제외한 노무직에 대한 노무공급권을 가지고, 필요한 노동자를 모색하고 배치·감독하는 기능을 담당하게 되었다. 항운노조의 일선 대표자로서 연락소장은 하역회사의 업무담당자와 협의하고, 작업준비 점검, 작업량 할당, 재해사고 발생에 대한 대책의 강구, 노조의 지시사항 전달 등 실제로 현장수준의 노무관리 전반을 담당하였다.

이러한 변화로 항만하역근로자는 하역업체 소속의 상용근로자와 항운노조의 조합원으로 양분되어 갔다. 직종별로 구분해 보면 하역업체 상용근로자는 대부분 일반관리직 요원이거나 기능·기술적인 업무에 종사하는 반면, 항운노조의 조합원은 대체로 특별한 기능을 보유하지 않는 단순 작업원이 대부분이다. 항만하역작업의 대부분은 특별한 기술이나 기능이 요구되지 않고 단순한 육체적 완력을 보유한 자면 충분히 담당할 수 있었기 때문에 전통적으로 항운노조원은 저학력, 단순 노무직의 남자근로자가 절대다수를 차지하고 있었다. 더욱이 저학력·고령인력을 기본적인 특징으로 하고 있는 항운노조원들의 노동시장 내 위치는 하역장비의 기계화와 하역업체 소속의 하역종사자들의 증가로 인해 그 입지가 더욱 축소되고 있었다.

7. 항만산업 구조조정과 노조에 대한 비판 (1990~2000년대)

1990년대에 들어와 물류비용의 중요성을 새롭게 인식하면서 우리나라가 동북아의 거점국가로 도약하기 위한 전략적 필요성이 대두되었다. 물류비용 절감을 통한 국제경쟁력 강화에 대한 목소리가 높아졌다. 경

제의 국제화뿐만 아니라 개방화 시대에 국제경쟁력 강화를 위해서 생산
원가 절감도 중요하지만 앞으로는 이에 못지 않게 물류비용 등 부대비
용 절감이 중요한 요소가 된다는 것이었다.

물류는 화물운송에만 그치는 것이 아니라 화물의 최초발생지에게 최
종소비자에 이르는 과정 전체에서의 시간적 공간적 효율화를 추구하는
것으로 인식되었다. 물류활동은 개별적인 운송수단의 효율화를 통한 부
분적 활동들이 아니라 다양한 운송수단과 기능들을 최적으로 결합시키
는 총체적인 효율화로 간주되어야 한다는 것이다.

이러한 인식은 국지적 개념의 재래적 운송패턴을 벗어나 항만 및 배
후운송시설이 연계 운영되는 지역적 통합의 중요성을 강조하였다. 물류
활동의 근간을 구성하는 항만구역은 입출항 화물의 하역, 보관 등 단순
히 화물을 취급하는 장소로부터 유통되는 화물의 실질적 가치를 제고할
수 있는 다양한 기능을 수행하는 부가가치 생산센터가 되어야 한다. 항
만구역이 이처럼 유통센터와 정보센터로서의 기능도 겸하는 종합적인
화물유통의 거점으로 발전하고 있었기에 항만에서 제공하는 물류서비
스의 수준도 급속히 향상할 필요가 있었다.[180]

1990년대에 들어와 물류산업에 대한 새로운 인식은 전세계에서 보편
적으로 나타나기 시작하였다. 세계의 주요 항만들은 항만구역에서 다양
한 물류기능을 확충하는 한편 충분한 배후공간을 확보하여 항만이 중심
이 되는 대규모 종합물류기지를 조성하고 있었던 것이다. 이러한 복합
적인 기능을 갖춘 항만은 배후공간에 항만과 배후지 사이에 도로, 철도,
공항 등 연계수송망과 함께 화물유통센터, 화물정보처리센터 등 화물유

---

180) 정필수(1996), p.33.

통에 관련된 각종 편의 및 부대시설을 갖추고 나아가 자유무역지대를 설치하여 운영하기도 하였다. 항만구역에서 화물의 집화, 분류, 가공, 보관, 포장, 배송 등의 물류관련 업무를 집중적으로 수행할 수 있는 다양한 기능의 물류빌딩, 트럭터미널, 철도터미널, 센터빌딩, 전시장, 회의장, 유통기능 등이 확충되고 있다.[181]

물류에 대한 이러한 인식은 하역산업의 성격을 크게 변화시켰다. 핵심적인 기능이라 할 수 있는 하역산업에서 기계화, 자동화가 급속히 추진되면서 하역산업은 대규모 자본이 투하되는 장치산업으로 그 구조가 점차 고도화되었다. 컴퓨터의 도움을 받지 않으면 하역작업의 수행이 불가능할 정도가 되었다. 대규모 장치산업으로의 전환은 민간투자의 가능성과 함께 필요성을 제고하였다. 하드웨어적 물류기반시설의 확충은 대규모 자본이 장기간에 걸쳐 투자되어야 하기에 투자자본의 회임률이 낮아 전통적으로 정부와 공공부문이 담당하였다. 그러나 만성적으로 공급부족 상태에 있는 기반시설의 확충을 위해서는 재정투자뿐 아니라 민간자본도 적극 참여할 수 있는 제반 조치를 강구할 필요성이 대두되었다.[182]

특히 1980년대 후반부터는 신자유주의와 함께 신공공관리론(New Public Management)이 시대의 조류가 되어 항만산업의 구조조정 필요성이 대두되었다. 이는 정부와 공공부문에도 민간기업의 경영적 개념을 도입하여 고객지향적 서비스와 민관의 경쟁체제를 강조하였다. 이러한 신공공관리론은 제Ⅱ장에서 살펴본 거래비용 경제학의 영향을 많이 받았는데, 업무의 표준화, 계약화, 경쟁화의 내용을 담고 있다. 또한 자기

---

181) 정필수(1996), p.38.
182) 정필수(1996), p.33.

책임성을 강조하고자 공공부문 내에서 독립채산제의 분업체계를 강조하였다.

1993년 UR타결 이후 전세계적으로 자유무역체계가 공고화되면서 당시 정부는 세계화라는 구호 아래 산업의 국제경쟁력 강화에 힘썼다. 그 중에서도 수출입 하역산업의 체질개선이 불가피하다고 보았다. 하역업체의 대형화 및 시설투자 증대를 기하지 않고는 물류비용 절감을 통한 국제경쟁을 기할 수 없다. 하역업체들이 지금까지는 면허제 등으로 온실 속에서 성장해왔으나 향후 하역요금이 신고제로 전환되고 대외개방이 실시되면 영세한 하역업체들은 생존하기 어렵다는 인식을 하였다.[183] 이러한 시대적 분위기 하에서 1993년 해운산업연구원(현 '한국해양수산개발원')은 '전국 항만 운영합리화 방안'을 연구·발표하였다.[184] 여기서는 개발부두와 달리 일반부두에서도 컨테이너전용부두와 같이 부두운영회사제를 도입할 것을 건의하였다.

여기에 상응하여 한국무역협회는 수송산업 및 수출의 물류비용 절약을 명분으로 1993년 '항만하역작업의 원활화 저해'라는 제목의 행정규제 완화 건의문을 제출하였다. 이 건의문은 하역면허의 '허가제에서 등록제로의 전환'과 함께 항만인력의 구조조정을 위한 '항만근로자의 상용화'를 제안하고 있다.[185] 당시 정부에서는 하역산업의 구조조정 방향에 대해 대략 다음과 같은 정책적 쟁점들을 정리하고 있었다. ① 항만하역업 면허제의 개방과 자율화, ② 항만하역요율의 자율화, ③ 부두운영회사제

---

183) 선한승외(1995), pp.15~16.
184) 한국해양수산개발원, 「전국 항만운영 기본계획 및 합리화 방안 연구」, 1993.(국회도서관 소장)
185) 전국항운노동조합연맹(2009下), p.219~220.

의 도입을 통한 항만운영의 민영화, ④ 항만하역시설의 기계화와 선진화, ⑤ 항만노무공급제도 및 고용형태의 개편 등이었다.[186]

이러한 정책적 쟁점들 중에서 가장 이해관계가 첨예하였던 것은 당연히 항만노무공급제도 및 고용형태의 개편이었다. 제조업체인 수출입업체들을 대표하는 하주(荷主)측은 현행의 항만운영체계가 하역작업의 원활화를 저해하고 과도한 하역비를 부담시키며 하역근로자의 공급과잉을 초래한다고 주장하였다. 특히 항운노조의 노무공급 독점체계에 대한 시정을 강력히 바라고 있었다. 그러나 항운노조에서는 적절한 보완조치와 보상대책이 강구되지 않을 경우 항만노무 공급제도의 변화는 대량실업, 근로조건 저하, 취약계층의 소득 저하 등 여러 가지 사회적 문제를 초래할 수 있다고 반박하였다.

항운노조는 클로즈드샵(Closed Shop) 형태로 운영되고 있는데, 이는 항만하역 수요가 불안정했고 계절적 실업이 상존했던 전통적인 부두운영 시대에 취약한 노무자들에게 안정적인 소득을 확보해주기 위해 시작되었다. 그러나 1990년대 이후 하역수요가 비교적 안정적이고 하역작업이 기계화되고 있는 상황에서는 이러한 체제의 기본 전제가 변화하였다고 할 수 있다. 전통적인 경직적 노무공급 체계에서는 항만하역의 기계화, 전산화 등 급변하는 여건 변화에 적절하게 대응하기 어렵고 하역노무의 숙련이나 전문화가 어려워 항만 노동생산성이 제고되지 못하는 것이다. 종래에는 항만하역이 다목적부두에서 노동집약적 산업으로 간주되었으나, 선박의 전용선화, 대형화 그리고 하역장비의 부두 고착화가 추진되고 있는 전용부두에서의 항만하역은 첨단기술 및 자본집약적인

---

186) 선한승외(1995), pp.2~3.

산업으로 고도화되고 있다. 더구나 노동조합이 상당한 노무관리를 하면서 하역작업을 하고 있어 하역회사와 노동자 사이에 지휘감독 관계와 책임이 불분명하다고 할 수 있다.[187]

세계 주요국들에서도 하역노무에 대한 새로운 변화의 방향을 받아들이기 시작하였다. 이에 따라 항운노조도 물류산업의 변화 필요성을 수용하며 항운노조의 관점에서 연구보고서를 작성할 필요성을 느꼈다. 항만하역 노사관계에 대한 세계적인 변화추세에 따라 우리나라도 장기적인 안목에서 노사관계 구조개편 논의가 필요하다고 인정한 것이다. 선한승외(1995)는 이를 반영하는데, 여기서는 하역노무의 변화 필요성을 다음과 같이 언급하고 있다.

> "항만하역 설비의 기계화를 통한 작업방식이 변화하고 있다. 지금까지 하역노동은 전형적인 이른바 3D 업종으로서 육체노동이 주가 되는 등 기술과 기능축적이 불가능하여 장래 비전을 가질만한 직업이 아니었다. 그러나 이제는 일부 기계화 작업의 경우, 높은 기술과 기능이 요구되는 전문인력이 필요한 직종으로 바뀌고 있다. … 사회 전반적으로 시민의식이 높아짐에 따라 권리의식도 높아져 항만하역 근로자들의 노동운동에 대한 기대감이 상승하고 있는 것은 당연한 추세이다. 따라서 항만하역 노사관계의 안정을 기하기 위해서는 정부, 사용자, 노조 모두 이들의 높아진 노동자의식에 맞도록 제반 대책을 강구해야 한다. 이와 같은 제반 노력을 경주하지 않고 자칫 힘의 논리를 앞세워 문제해결을 시도하는 경우 물류산업 육성을 통한 수출입 경쟁력의 확보라는 근본적 목표를 달성하기가 어려울 것이다."[188]

---

187) 정필수(1996), p.37.
188) 선한승외(1995), pp.15~16.

당시 항만산업 구조조정에서 핵심은 부두운영회사제를 도입하는 것인데, 부두운영회사가 막대한 하역장비를 투자하여 기계화를 적극적으로 추진하기 위해서는 항운노조에 의한 하역노무자들의 공급이 큰 장애가 되었다. 이를 해결하기 위해서는 하역노무자들을 하역장비를 다루는 기능을 보유한 인력으로 전환하여 직접 고용하는 방법을 채택하여야 한다. 즉 부두운영회사제는 필연적으로 하역노무의 상용화가 수반되어야 하는데, 이는 곧 하역노무자들에 대한 보호의 기능이 노동조합에서 부두운영회사로 전환될 수 있음을 의미하는 것이다.

부두운영회사제의 도입은 1996년 11월 27일 노사정이 합의하여 최종 서명하면서 확정되었다. 중앙에서 해양수산부, 전국항운노동조합연맹, 한국항만운송협회가 합의서에 최종 서명하였는데, 이어서 7개 항만의 8개 항운노조(부산, 인천, 울산, 포항, 광양, 군산, 여수, 마산항)가 지방합의서에 서명하였다.[189] 부두운영회사제 도입에 따라 나타나는 항만근로자들에 대해서는 실업보상과 퇴직금지원 및 고용안정을 보장하기 위해 약 3,300억원을 마련하기로 하였는데, 이는 1997년부터 선내요금의 1%인 항만현대화기금을 적립하기로 하였다.[190] 1997년에 부두운영회사제를 도입하는 과정에서 나타나는 정책적 이슈로는 어느 항만에 도입할 것인가, 도입한 항만 내에서 어느 부두에 도입할 것인가, 그리고 부두운영의 주체를 선정하는 방법과 임대료 수준을 얼마로 할 것인지에 대한 쟁점들이 부각되었다.[191]

부두운영회사제의 도입항만에서는 그 도입이 시급하고 시행효과가

---

189) 여수항에는 광양항운노조와 전남남부항운노조의 2개 노조가 결성되어 있었다.
190) 전국항운노동조합연맹(2009下), p.232.
191) 부두운영회사제의 정책적 이슈에 대한 논의는 김형태외(2007), pp.34~35 참조.

큰 항만에 우선적으로 실시되어야 한다는 점이 인정되었다. 무엇보다도 물동량 규모가 많아야 채산성을 맞출 수 있었기 때문에 대규모 항만이 선택되어야 할 것이다. 이에 따라 부산항, 인천항, 여수항, 마산항, 울산항, 군산항, 포항항, 광양항 등 8개 항만이 선정되었다. 그리고 이들 항만에서는 부두의 수가 많은데, 모든 부두에 부두운영회사제를 도입하기보다 일부 부두는 공영부두로 남겨두기로 하였다. 공영부두가 없다면 소형선사, 크루즈선, 여객선, 군함 등 화물선 이외의 선박들이 부두의 선택에 제한을 받을 수밖에 없을 것이다.

부두운영주체의 선정은 원칙적으로 경쟁을 택하였다. 부두운영주체의 선정은 부두운영회사제도의 성공 여부를 판가름하는 매우 중요한 과제였다. 왜냐하면 당시만 해도 항만을 이용하려는 수요에 비해 항만시설의 공급이 현저히 부족하여 누구나 부두를 배정받기 희망하였기 때문이다. 부두를 배정받기 원하는 사업자들의 물밑 경쟁이 치열하였던 것이다. 따라서 이러한 치열한 경쟁을 순조롭게 처리하기 위한 합리적인 부두운영회사의 선정이 무엇보다도 중요하였다.

부두운영회사의 주체로는 선사, 하역회사, 화주 등을 모두 대상으로 선정하였다. 그러나 기존의 항만운송 질서를 훼손하지 않도록 나름의 지혜를 발휘하여 기존의 부두에 대해서는 기존의 일반하역회사를 중심으로 운영주체를 선정하고, 선사는 배제하기로 하였다. 그러나 신규부두에 대해서는 어느 누구도 부두에서 기득권을 주장할 수 없으므로 자격제한을 두지 않고 누구나 참여할 수 있도록 하였다. 그리고 항만에 따라서는 고정하역시설을 화주(貨主)가 설치한 부두가 있는데, 이들 대형 화주들은 부두운영회사에 포함시키기로 하였다. 다만, 이 경우 기존의 하역회사가 불이익을 받게 될 우려가 크기 때문에 이를 감안하여 실제의 하역작업은 기존의 하역회사에 계속 위탁하는 것으로 결정하였다. 개별 부두에 대한 부두운영주체의 선정은 하역시설 등의 일정 기준을 마련하여 그 기준에 의거 기존 하역업체 간의 자율협의 방식으로 추진 하였다. 업계 자율조정이 이루어지지 않을 경우에는 경쟁방식으로 선정 해 나가기로 하였다.

부두운영주체에 대해서는 임대 계약기간을 3년 단위로 하여 하역기 계화 추진 등 운영실적을 평가하여 계약갱신 여부를 결정하도록 하였 다. 이는 과거의 인허가 방식을 계약방식으로 전환하는 중요한 계기가 되었다. 그러나 그 계약의 내용은 완벽하다고 볼 수 없다. 왜냐하면 임 대료를 첫 해에는 현행의 전용 사용료 규정을 적용하고, 2차 연도부터는 기본사용료와 실적사용료 체제를 토대로 별도의 연구용역을 실시한 후 원가상승 요인이 없는 범위 내에서 적정한 임대료 수준을 책정토록 하 였기 때문이다. 그리고 부두운영회사가 징수하는 부두이용 요율은 부두 운영회사와 항만이용자(선주, 화주)간 협정요율로 하고 협정된 요율은 지 방청에 신고토록 하여 고시할 예정이며, 고시요율 범위 내에서 선의의 경쟁을 하고 고시요율 이상은 징수하지 못하도록 항만시설 전용 사용조 건에 반영하기로 하였다.

부두운영회사제가 착착 도입되고 있는 와중에, 우리나라는 1997년말 부터 외환위기를 겪게 되었다. 경제사회전반에 대한 구조조정의 필요성 과 당위성이 사회 전체에 폭넓게 확산되기 시작하였다. 당시 정부와 공 공부문의 개혁작업을 전담하였던 기획예산처는 1998년 11월부터 1999 년 3월까지 정부조직 전체에 대한 경영진단을 수행하였다. 해양수산부 의 경영진단에서 기획예산처는 항만별 경쟁체제 구축을 위해 항만공사 제도를 강력하게 요구하였다. 국제수준의 시설을 갖추고 물동량이 큰 대형 항만인 부산항과 인천항에 대해 2000년 하반기까지 항만공사제를 우선 도입하고, 향후 재정 자립도가 높은 항만인 광양, 포항, 울산항에 대해 확대 실시하도록 권고하였다.

또한 정부는 1997년 말에 촉발된 외환위기와 이로 인한 IMF 구제금융 도입체제를 극복하기 위하여 IMF의 요구를 수용하여 노동시장의 유연 성제고를 추진하였다. 당시에 암암리에 존재하고 있던 파견근로자를 보호하기 위한 취지로 근로자파견제도를 1998년 2월 입법하여 1998년 7월 1일부터 시행하였다. 당시 항운노조연맹은 항만, 철도, 농수산, 창고분야의 하역업무를 근로자파견 대상업무에서 제외하는 입법저지활동을 적극적으로 전개하여, 동법 시행령에 '노동조합이 근로자공급사업을 행하는 업무는 파견대상업무에서 제외'시키려는 노력을 펼쳤다.[192]

그러나 노동시장의 유연성 제고를 위한 정부의 노력은 하역노무에 대해서도 거세게 몰아붙였다. 1998년 2월 해양수산행정 규제개혁위원회는 하역노무 공급체제의 개선을 논의하며 하역노무의 상용화를 보다 적극적으로 추진하고자 하였다. 1999년 1월 규제개혁위원회는 항만노동 생산성 향상을 위한 규제개혁방안의 일환으로 항만상용화를 국정운영 100대 개혁과제로 채택하였다. 같은 해 11월에 개최된 규제개혁위원회에서는 2004년까지 현 항운노조의 75%를 단계적으로 상용근로자로 전환하되 노사정간 합의를 통해 추진한다고 의결하며 상용화를 위한 여건 성숙을 위해 총력을 기울였다.[193]

그런데 항운노조는 2001년 항만분야 노사정위원회에서 해양수산부의 단계적 상용화 방침을 수용할 수 없다는 입장을 표명하면서, 사실상 비

---

192) 전국항운노동조합연맹(2009 下), pp.289~290.
193) 전국항운노동조합연맹(2009 下), p.244.

현실적이라 할 수 있는 전국 항만의 동시 상용화와 납득할 수준의 보상을 요구하였다. 그에 따라 전국 항만을 동시에 상용화할 수 있는 체제로 전환하기 위해 필요한 법·제도의 정비 및 구체적인 정책계획들을 연구하는 용역을 노사정 합의로 추진하였다.[194) 2002년 6월에 발표된 연구용역의 결과에 의하면 현 실정에서 전국항만 동시 상용화는 한계가 있다고 밝혔다. 그러나 정부는 기계화 정도가 양호한 부산, 인천, 평택항에 부분적인 상용화를 먼저 추진하고자 하였다.[195)

그러던 2005년 초 항운노조의 존립을 위태롭게 하는 사건이 발생하였다. 2005년 3월 터진 노조 비리사건의 주요 유형은 채용 등 인사 관련 금품수수와 횡령, 각종 리베이트 수수 등인데, 이러한 비리사건은 노조의 독점적인 노무공급권과 클로즈드샵에 그 원인이 있다는 비난을 받았다. 항운노조의 클로즈드샵 제도가 구조적으로 노조의 비리를 반복 생산한다며 많은 비판이 이어졌다.

> "부산항운노조 간부들이 돈을 많이 내는 취업희망자를 먼저 채용하는 방식으로 취업 장사를 해온 것으로 검찰 수사에서 밝혀졌다. 항운노조 비리를 수사 중인 부산지검 관계자는 18일 '노조 수뇌부가 취업희망자로부터 더 많은 돈을 받아오는 간부나 브로커가 추천하는 근로자를 채용한 혐의가 포착됐다'고 밝혔다. 이 관계자는 '은행에서 빚을 내거나 형제에게서 빌려 취직한 조합원도 상당수 있었다'며 '일부는 연봉(2000만원)보

---

194) 규제개혁위원회는 연구용역의 투명성과 실효성이 확보될 수 있도록 노사정 실무위원회를 통해 연구용역을 관리하기로 하였다. 이러한 결정에 따라 해양수산부는 한국항만하역협회에 연구용역을 요청하였고, 2000년 6월 한국해양수산개발원, 청주대학교, 한국해양대학교는 '항만노무 공급체제개편 방안연구'라는 제목으로 2002년 6월까지 연구용역을 완료하기로 하였다. 전국항운노동조합연맹(2009下), p.245 참조.
195) 전국항운노동조합연맹(2009下), p.249.

다 많은 돈을 건넸다'고 말했다. 특히 이모(40)씨 등 취업희망자 6명은 현장 반장 김모씨에게 모두 1억600만원을 건네줬으나 액수가 적어 취업에 실패하고 돈도 돌려받지 못했다. 이 과정에서 부위원장, 부장 등 핵심 간부는 신규 채용이 있을 때마다 5~10명의 채용 추천권을 할당받는 대가로 채용 희망자에게서 받은 돈을 노조 수뇌부에 상납했다. 노조 관계자는 '간부들이 취업 장사를 통해 받은 돈을 모두 수뇌부에 상납하면 수뇌부는 이 가운데 30~40%를 제외한 나머지를 돌려줬다'며 '취업희망자에게서 받은 돈을 허위로 보고하다 적발되면 일감이 적은 한직으로 쫓겨난다'고 털어났다.

이와 함께 부산항운노조 집행부는 연간 50억원 안팎의 노조비와 수십억원의 노임 손실 보상금을 주무르면서 각종 공사를 벌여 뒷돈을 챙긴 것으로 드러났다. 박이소(61) 전 위원장, 복모(53) 부위원장, 이모(45) 총무부장은 구평연락소(300평)를 신축하면서 무면허 업자에 공사를 맡기고 2억5000만원을 챙겼다. 검찰 관계자는 '노조 집행부가 발주한 여러 건의 신축·보수 공사에 대해 수사 중'이라며 '공사 리베이트를 챙기기 위해 필요하지 않거나 시급하지 않은 공사를 발주한 정황을 포착했다'고 말했다. 검찰은 1997년 완공된 부산항운노조 복지회관(지상 10층) 신축 공사에서 노조 간부들이 공금을 횡령한 혐의를 잡고 수사하고 있다. 부산지검 특수부는 18일 공사비를 과다계상하는 방법으로 노조 간부를 통해 1억원을 받은 혐의(업무상 횡령)로 박이소 전 위원장을 구속 수감했다.

부산항운노조 비상대책위원회 조영탁(한국항만연수원장) 위원장은 이날 기자회견을 열고 '항만이 기계화와 현대화되는데도 노무 공급 방식은 전근대적이어서 취업비리 등의 원인이 됐다'며 '노조에 가입해야만 부두에서 일할 수 있는 클로즈드샵(Closed Shop)을 포기하고 노조 위원장을 직선으로 뽑는 것 등 개선책을 마련하겠다'고 밝혔다."[196]

---

196) 중앙일보, "'최고액 낙찰' … 돈 보고 사람 뽑았다." 10면, 2006.03.31.

물론 항운노조 일부 간부에 의해 저질러진 비리를 전체 항운노조의 비리인 양 매도하며 마녀사냥을 한다는 반론도 있었다. 연맹과 연맹 산하 17개 항만분야 단위노동조합은 2005년 3월 10일 '항만하역노동 관행의 혁신과 자정을 위한 결의' 기자회견을 가졌으며, 뒤이은 2005년 3월 28일 한국노총과 함께 대국민 사과 및 재발방지 등 사태수습을 위한 기자회견을 열어 항운노조의 일부 간부가 저지른 잘못을 사죄하고 자체 정화를 통하여 항운노조의 거듭남을 보여주겠다고 대국민 앞에 선언하였다.[197)]

항운노조의 비리에 대해 언론에서 약 3개월간 집중 보도되면서 항운노조의 공급독점과 그로 인한 문제점, 그리고 개편방안이 공론화되기 시작하였다. 항운노조 채용비리사건이 국민들에게 알려지면서 언론은 이러한 사태가 발생하게 된 원인을 현행 체제의 구조적인 문제로 지적하면서 근본적인 문제해결을 요구하기 시작했다. 2005년 3월 중순부터 청와대와 국무조정실을 중심으로 해양수산부, 노동부, 재경부, 기획예산처 등 관련 부처가 개선방안을 논의하기 시작했다.

해양수산부는 부처 내에 전담 T/F를 구성하고 3가지의 개편안을 정부 내에서 논의하였다(〈표 5〉 참조). 첫째는 항만의 고용시장을 완전자율화하는 방안이고, 둘째는 현 항운노조원을 항만하역업체의 상용근로자로 전환하는 방안이며, 셋째는 노사공동인력관리, 공개채용 등을 통해 현행 체제를 보완하는 방안이었다. 완전자율화하는 방안은 갑작스럽게 대규모 실업이 발생할 수 있으며 항운노조의 강한 반발이 예상되어 사회적 부담이 큰 방안이었다. 기존 체제를 유지하면서 문제점을 보완하는

---

197) 전국항운노동조합연맹(2009 下), p.249.

방안은 사회적인 부담이 없고 추진이 가장 용이한 방안이나 기존 체제의 문제점을 근본적으로 해결하기에는 한계가 있었다.[198]

〈표 5〉 항만인력공급체제 개편 모델 비교

구 분	고용시장 완전자율화	완전 상용화	현행체제 보완
주요 내용	–항운노조의 근로자공급 사업권 폐지	– 현 노조원을 업체의 상용근로자로 전환	– 노사공동 인력관리, 신규채용 투명화 등 항운노조 혁신
노무 공급권	– 법률적 폐지	– 상용화를 통해 소멸	– 현 체제 유지·개선
노조 형태	– Open–Shop	– Open–Shop	– Closed–Shop
노조 기능	– 일반노조와 동일 – 근로자 이해대변 국한	– 일반노조와 동일 – 근로자 이해대변 국한	– 일반노조 기능 – 근로자공급사업
노조원 처리	– 근로자 고용보장 불가능 – 비자발적 실업 발생	– 근로자 고용보장 가능 – 비자발적 실업 없음	– 현체제 유지 – 채용절차 등 불합리한 사항 개선

출처: 김형태외(2007), p.96. 참조

결국 정부는 항운노조원을 상용화하는 방안이 항운노조의 인력공급 독점체제에 대한 개선이 가능할 뿐만 아니라 지금까지 오랜 기간 동안 논의해 왔으며 외국 사례에서도 대부분 상용화 방식으로 개혁을 하였으므로 가장 현실성 있는 방안이라는 결론을 내리게 되었다. 그런데 완전 상용화 방안은 하역업체의 동의가 필요했다. 하역업체 입장에서는 과거에는 근로자를 직접 고용하지 않고 필요한 노동력만 공급받았는데 이제는 근로자들을 모두 고용해야 하는 부담을 안을 것이기 때문이었다.[199]

---

198) 김형태외(2007), p.96.
199) 김형태외(2007), pp.96～97.

항운노조로서도 상용화되는 노조원들에게 지급해야 할 퇴직금의 부족이 문제가 되었다. 항운노조 소속에서 하역업체 소속으로 전환되는 경우 퇴직금 정산이 필요했다. 이 경우 한 번에 모든 노조원들에게 퇴직금을 지급해야 하는데, 적립된 퇴직금이 부족하였던 것이다. 부족한 퇴직금을 어떻게 처리할 것인가가 체제 개편의 큰 과제가 되었다. 따라서 정부는 부족한 퇴직금을 정부에서 융자하고 연차적으로 상환받는 방법을 마련하였다. 이러한 재정지원은 타 산업 분야에서 유례를 찾기 어려운 사례이고 또 근로조건 보장 등의 문제도 일반 노동관련 법체계에 적합하지 않는 측면이 있었다. 따라서 이 모든 방안들에 대해 특별법을 제정하여 법률에 근거를 두고 추진하기로 하였다.[200]

2005년 5월 6일 전국항운노조연맹, 한국항만물류협회, 해양수산부 등 항만 분야 노·사·정 3자가 상용화를 채택하는 협약을 체결하였다. 협약에서는 노무공급형태를 일용고용에서 회사별 상시고용으로 전환하기로 하였는데, 상용화 대상은 항운노조 활동분야 중 항만분야로 한정하였다. 상용화 시기는 연도별로 상용화 항만을 선정하되 부산과 인천을 시작으로 노사합의에 따라 단계적으로 추진하기로 하였다. 부두운영회사는 정규 직원을 직접 채용하며, 공영부두는 하역업체들이 인력관리회사를 설립하기로 하였으며, 항운노조원의 전원고용과 현행 임금수준 보장, 퇴직희망자에 퇴직금과 조기퇴직수당을 지급하기로 하였다. 또한 이 협약서를 바탕으로 항만상용화를 입법화하기 위한 법안마련 작업에 착수하였고, 12월 23일에 '항만인력공급체제의 개편을 위한 지원특별법'(또는 줄여서 '항만상용화지원특별법')이 제정되었다.

---

200) 김형태외(2007), pp.97~98.

이 법안은 항운노조가 독점적인 노무공급권을 갖고 있는 현행 인력공급체제를 바꿔 사업자들이 직접 노동자와 고용계약을 할 수 있도록 하였다. 그러나 항만상용화 도입에 노사정이 합의만 했을 뿐 실제로 상용화는 여전히 요원한 상태로 남아 있다. 항운노조는 항만상용화가 노사 모두가 만족할만한 성과도출이 되지 않는다면 더 이상의 추가 상용화는 불가하다는 입장을 재확인하였다.

8. 하역노무의 과제 : 노동조합 vs 개별계약 (2010년대 이후)

항운노조의 클로즈드샵이 적법한가 여부에 대해서는 학계와 전문가들 사이에서 특별한 논의가 없었다. 이는 항운노조의 배타적·독점적 노무공급권이 노사관계의 안정과 가장 열악한 상태의 일용노동자의 고용안정에 유용하다고 인정하였기 때문이다. 그런데 클로즈드샵 조항은 현행 노동법 체계 내에서 그 법적 유효성을 인정받기는 어렵다. 항만근로의 특수성과 현실성을 인정한다 하더라도 법률이 아닌 단체협약에 의해 헌법상 기본권인 단결권을 본질적으로 침해할 수 있는 클로즈드샵 조항이 합법적으로 인정되기는 어렵기 때문이다.[201]

2000년대에 들어와 항운노조의 폐쇄적이고 경직적인 체제가 물류산업의 기계화와 경쟁력 강화를 저해한다는 비판이 불거지기 시작하였다. 항만하역에서 기계화가 상당히 이루어진 2000년대 이후에도 과거처럼 노동력이 직접 화물을 취급하는 것을 전제로 형성된 노동관습과 체계가

---

201) 김형태외(2007), p.24.

지속되는 것이 과연 적절한지에 대해 조금씩 공론화가 이루어지기 시작하였다.

항운노조의 클로즈드샵이 하역작업의 기계화를 저해하는 방식은 크게 두 가지 측면에서 설명할 수 있다.[202] 첫째, 기계화의 과실을 투자자가 가져가지 못하고 항운노조원이 가져간다는 점이다. 하역장비가 도입되고 작업생산성이 향상되는 체제가 도입되면 노임지급 구조도 그에 따라 바뀌어야 마땅하다. 그러나 하역료 수입의 하역회사에 대한 배분비율이 개선되지 않아 기계화로 인한 과실이 투자자가 아니라 항운노조원에게 배분되고 있는 실정이라는 것이었다. 작업현장에 인력이 적게 투입되건 많은 인력이 투입되건 관계없이 항운노조에 배분되는 총노임은 동일하다. 하역작업에 고성능의 신규장비를 투입할 수 있으나 항운노조 투입인력의 규모가 축소되지 않기 때문에 투자의 과실을 투자자가 획득하기 어려운 것이다.

둘째, 작업방식에서 순번제 형태의 균등작업과 균등임금의 원칙이 중시됨으로써 작업능률의 향상을 도모하기 어렵다는 것이었다. 화물의 종류, 선박형태 등에 따라 차등화된 인력 투입이 바람직하나, 항운노조는 고용기회·임금·작업여건 등을 균등하게 유지하는 순번제 투입으로 생산성에 관심을 두지 않는다. 이러한 상황이 지속될 수 있었던 것은 하역회사가 노조의 노무관리에 개입할 권한이 없기 때문이다. 일용 노동력의 실제 사용자는 하역사이나, 항운노조원 모집시 의견이 반영되는 통로가 마련되지 않아 조합원의 소요인력 규모, 필요 기술, 숙련도 등이 반영되지 않고 있다.

---

202) 김형태외(2007), pp.26~27.

작업에 투입하는 하역노무자들의 규모를 항운노조가 결정하고, 하역회사는 아무런 개입도 하지 못하고 있다. 이에 따라 하역회사는 하역작업을 개선할 수 있는 방안을 강구하기가 어려워진다. 만약 하역회사가 직접 인력을 통제하고 인력규모를 조절할 수 있다면, 어려운 작업과 쉬운 작업을 구분할 수 있을 것이고, 또 작업생산성을 향상시킬 수 있는 방안을 강구할 수 있을 것이다. 그러나 항운노조의 노무공급 방식이 유지되기 때문에 작업생산성을 향상시킬 수 있는 방안을 강구하기가 곤란한 것이다.

항운노조는 여기서 더 나아가 자신들의 기득권을 확대하기 위해 항만구역 내 하역작업에 관련된 작업권을 더 많이 요구하여 기업들과 마찰을 빚기도 하였다. 자가부두·조선소 안벽에서 발생하는 자가화물 하역의 경우에도 항운노조가 작업권을 요구하거나 기업에 과도한 부담을 요구함으로써 기업과 마찰을 빚기도 하였다.[203]

구체적인 사례로서는 액체화물의 하역작업을 대표적으로 들 수 있다.[204] 액체화물의 경우 하역작업은 파이프라인을 연결하고 떼어냄으로써 작업이 개시되고 종료된다. 파이프라인을 통한 하역작업이 매우 단순하기에 여기서는 굳이 추가적인 비용이 소요되는 것도 아니기 때문에 하역업체를 동원하지 않고도 하역작업을 수행할 수 있다. 이러한 이유로 '항만운송사업법'에서는 액체화물의 하역을 항만하역의 범위에서 제외하고 있다. 그런데도 항운노조는 기득권을 주장하며 작업권을 요구하거나 자녀들에 대한 기부금 등을 요구하고 있었다는 것이다.

또 다른 사례로서 보세창고를 이용하는 수출입화물의 작업권에 관한

---

203) 김승택외(2006), p.2.
204) 김형태외(2007), p.27.

것이었다. 항운노조는 수입화물을 보세창고에 입고하는 작업과 수출화물을 보세창고에서 출고하는 작업에 대해 '항만하역'을 이유로 항운노조의 작업권을 주장하였다. 이들 화물은 항만에서 이루어지는 것이 아니기 때문에 항운노조의 작업권을 인정하기 어렵다고 할 수 있다. 더 나아가 보세창고가 신규로 개장되면 항운노조원을 보세창고의 정식근로자로 고용해 달라고 요구하기도 하였다. 이러한 요구로 인해 고용된 노조원이 많아지고, 또 이들의 노임은 일반노동시장의 노임수준보다 높아서 보세창고업주에게 상당한 피해를 준다는 것이었다.

항운노조의 많은 문제점이 점차 인식되고 있음에도 불구하고 외부에서 쉽게 이 문제를 공론화하지 못하고 있는 이유들은 다음과 같이 설명되고 있다.[205] 첫째, 항운노조 자체가 조합원에 대한 끈끈한 인적관계를 유지하고 있기 때문에 항운노조의 조직관리 능력이 매우 뛰어나기 때문이다. 항운노조를 구성하는 가장 기본적인 조직단위인 반은 반장이 리드하는데, 반장은 과거의 십장처럼 반원에 대해 모든 업무를 책임지는 가부장적인 역할을 수행하고 있다. 반원의 경조사 배려, 하역업무 배정, 작업감독, 노조집행부와의 연락조치, 애로사항 청취 및 해결 등 반원의 모든 업무를 책임지는 것이다. 이러한 과정에서 반원과 반장 간에는 끈끈한 유대관계가 형성되고 쉽사리 끊기 힘든 상하관계가 형성되는 것이다.

둘째, 항운노조는 항운노조가 갖는 문제를 비판하는 사람들을 가차 없이 대응하고 있기 때문이다. 항운노조의 불건전한 관행에 대해서는 많은 비판이 이루어지고 있으나, 비판은 '아우성 없는 비판'으로 끝나기

---

205) 세 가지 지적사항은 김형태외(2007), pp.27~28의 내용을 그대로 정리한 것이다.

일쑤이다. 왜냐하면 비판이 공론화되면 항운노조의 설자리가 붕괴되기 때문에 이를 차단하기 위해 항운노조가 음양으로 끼어들기 때문이다. 항운노조는 그들에 대한 비판자에 대해서는 끝까지 투쟁하여 당사자를 굴복시킨다. 따라서 어느 누구도 쉽사리 항운노조의 문제를 공개하기 어려운 것이다.

   셋째, 항운노조의 간부 다수는 친인척 등 가까운 사람들로 채워져 있기 때문이다. 위원장을 직접선거로 선출하고 있는 항운노조도 있지만, 대다수는 대의원의 투표로 위원장을 선출하는 방식을 채택하고 있다. 따라서 대의원은 위원장과 결탁될 가능성이 높다. 아울러 간부가 될 경우에는 현장에서 작업을 하지 않아도 노임을 지급받을 수 있기 때문에 조합원은 집행부와 가까워지려는 행동을 하게 된다. 이에 따라 조합 내부적으로 좋은 자리로 가기 위한 음성적 뒷거래가 이루어지며, 항운노조원 가입 그 자체도 이권이 되기 때문에 가입을 둘러싼 비리도 발생하는 것이다. 또한 대부분의 비리는 조직적으로 행해지고, 비리에 참가하는 사람들은 연대의식을 가지기 때문에 비리가 조직화되면 될수록 연대의식은 강해지고 외부에 대해서는 배타적으로 될 수밖에 없다. 그만큼 외부에 대해서는 물리적으로 대응하는 방식도 불사하게 된다.

   2000년대에 들어와 항운노조의 문제점들에 대해 언론을 통한 공론화가 많이 이루어졌고, 또 항운노조 역시 외부의 따가운 눈길을 의식하며 부조리와 비리에 벗어나려는 자정노력을 기울여왔다. 그러나 여전히 그 논란은 계속되고 있는데 논란의 핵심은 다음과 같은 물음으로 정리될 수 있다. 과연 항운노조는 전통적으로 유지되어 온 기득권을 지키는 일종의 압력단체에 불과한 것인가, 아니면 노동조합 본연의 기능에 충실하여 취약한 근로자를 보호하기 위한 최소한의 수단인가? 어쩌면 이에 대한 판단은 하역노무자의 처우가 일반적인 일용근로자들의 처우에 비교할 때 어떠한가, 그리고 하역노무자의 처우를 개선하기 위한 각종 노력들이 여타의 일용근로자들의 처우를 개선하는데 어떠한 기여를 하고 있는가라는 문제를 분석함으로써 이루어질 수 있다.

사실 항운노조원들은 법적으로 그 어떤 사업체와도 근로계약을 체결하지 않고 있기 때문에 근로기준법의 적용을 받지 못한다. 따라서 항운노조원에게는 근로기준법에서 정한 임금, 복리후생, 임금채권의 우선변제, 재해보상, 근로자퇴직급여보장법상의 퇴직금, 산업재해보상보험법상의 산재보험, 국민연금법상의 국민연금, 국민건강보험법상의 국민건강보험 등이 적용되지 않는다. 따라서 항운노조원들은 통상의 상용직 근로자들에 비해 근로조건이 열악하다고 할 수 있을 것이다.

그러나 항운노조원의 후생복리를 개선하기 위해 항운노조는 퇴직금제도를 비롯한 건강보험, 국민연금, 산재보험 등의 적용을 하역업체측에 요구할 수 있다. 물론 이는 직접 요구하는 것이 아니라 하역작업에 적용되는 하역요금을 인상하는 방법으로 해결하고 있다. 퇴직금의 경우 화주나 선사가 하역업체에게 지급해야 하는 하역요금표에 퇴직충당금을 반영하고 있는 것이다. 항운노조는 이를 재원으로 퇴직충당금을 쌓고, 쌓인 퇴직충당금에서 퇴직금을 지급하고 있는 것이다. 퇴직하는 항운노조원에게 지급되는 퇴직금의 지급액, 지급절차 등은 항만근로자 퇴직충당금 관리 규정에서 정하고 있다.[206]

퇴직금 제도와 유사한 방법으로 항운노조원에 대해서는 항만하역요금을 이용하여 국민연금, 건강보험, 산재보험을 적용하고 있다. 건강보

---

206) 김형태외(2007), pp.11~12.

험과 산재보험은 하역업체들이 직접 부담 가입하고 있다. 그 외에도 항운노조와 하역업체 사이에는 후생협약 등을 통해 임금의 일정 비율 또는 톤당 일정금액을 복지비, 후생관리비, 안전관리비 등으로 항운노조에 지급하여 노조에서 장학금이나 복지기금으로 사용할 수 있도록 하고 있다.[207]

〈표 6〉 항운노조원 4대보험 적용 현황

구 분	일반적인 적용	항운노조원 가입여부	가입주체	재원
건강보험	국내거주 국민	가입	개별 하역사업자	항만하역요금 (하역요금의 1.26%)
국민연금	국내거주 국민	가입	항만물류협회	항만하역요금 (하역요금의 2.3%)
산재보험	모든 사업 또는 사업장 (일용근로자 포함)	가입	개별 하역사업자	하역사업자 부담 (노임의 3.8%)
고용보험	모든 사업 또는 사업장 (일용근로자 포함)	미가입	—	—

출처: 김형태외(2007), p.13

〈표 6〉에서 보는 바와 같이 고용보험이 적용되지 않는다는 사실을 제외한다면, 하역노무자들은 여타의 상용직 근로자들에 비해 그 처우가 열악하다고 하기는 어려울 것이다. 사실 우리나라는 1960년대 이후 근로자보호를 위한 다양한 법령들을 보완하며 제도적인 발전을 이룩하였는데, 이들은 모두 근로자보호를 위한 획일적이고도 일반적인 표준

---

207) 김형태외(2007), pp.12~13.

을 마련하는 노력이었다고 할 수 있다. 이러한 노력들과 함께 우리나라
에서는 1998년 IMF 외환위기 이후 '노동력의 유동화' '비정규직 근로자
의 증가', '연공급(年功給)에서 성과급(成果給)으로의 전환', '취업형태의
다양화', '근로조건의 개별적 결정' 등의 현상이 확산되고 있는데, 이러
한 변화들도 역시 항운노조의 향후 발전방향을 논의할 때 감안할 필요
가 있다.

2000년대에 들어와 점차 한국적 고용관행 중 하나인 평생직장 개념이
희박해지고 있다. 불황을 타개하기 위하여 취업규칙이나 단체협약을 통
한 근로조건의 불이익 변경이나 기업조직의 개편(기업의 합병·분할·양도)
등이 수시로 행해지며 해고나 명예퇴직 등 고용관계의 종료가 수시로
일어나고 있다. 이에 따라 정규직이 감소하고 비정규직 근로자들(기간제
근로자, 파견근로자, 임시·일용직 등)이 급증하고 있다. 이들 상당수는 노동
조합조직이나 새로운 조직으로 편입되어 조직의 보호를 받지 못하면서
근로조건을 둘러싼 분쟁이 많이 나타나고 있다.[208]

근로자들의 가치관 그리고 이들이 원하는 근로조건들이 한층 다양해
지고 있는데, 인건비 절감을 위해 사업자들이 원하는 측면도 있지만 파
트타임, 아르바이트, 촉탁, 파견근로, 계약직, 하청근로 등 근로자 스스
로가 다양한 취업형태를 선택하는 측면도 있다. 뿐만 아니라 근로자들
중에는 고도의 지식과 기술을 보유하며 사용자와 어느 정도 대등한 관
계에서 교섭을 하는 근로자들도 생겨나 사용자에 대한 근로자의 종속성
도 다양해지고 있다.[209]

---

208) 하경효외(2006), p.10.

209) 하경효외(2006), p.6.

이와 같이 취업형태가 다양화되면서 근로자들의 개인주의적 의식이 강해지고 노동조합의 기능과 조직이 현저히 저하하고 있다. 해고나 명예퇴직이 일상화되면서 개별적인 해고, 배치전환, 인사고과, 차별, 성희롱 등과 같은 개별적 분쟁이 증가하고 있다. 근로조건을 집단적·획일적으로 결정하는 방식에서 근로자를 취업형태에 따라 복수의 카테고리로 구분한 다음, 같은 카테고리에 속하는 근로자에 대해서도 개별적으로 근로조건을 결정하는 방법으로 전환하는 기업이 늘어나고 있다. 이러한 '개별화 현상'은 근로자의 생활조건이나 인생관의 다양화 등 근로자 측면의 요구도 있지만 사용자 측면에서도 요구하기도 한다.[210]

이와 같이 근로조건의 개별화 현상이 심화되며 개별적 노동분쟁이 증가함으로써, 전통적인 노동조합과 같은 집단적 근로조건 결정시스템이 이러한 변화에 적절하게 대응하기가 어려워져 새로운 패러다임이 모색될 필요가 나타나고 있다. 근로조건이 개별적으로 결정되는 경우에는 근로조건을 집단적·획일적으로 결정하던 종래의 방식에서 벗어나야 한다. 이를 위한 새로운 법적·제도적 정비가 없다면 사용자 또는 노동조합이 일방적으로 결정해버릴 가능성이 높아진다. 이는 노사가 대등하게 근로조건을 결정한다는 노동법의 원칙에 반할 뿐만 아니라, 이는 현실적으로도 많은 문제를 야기할 수 있다.[211]

전통적 의미의 노동법 체계는 종속노동을 기본으로 삼고 있다. 근로를 통해서만 생활을 영위할 수 있는 취약한 처지의 노동자들이 타인의 지시에 복종하는 인격적 종속성을 전제로 노동력을 제공해왔다. 따라서

---

210) 하경효외(2006), p.10.
211) 하경효외(2006), p.8.

이러한 종속성에 따른 개인들에 대한 보호를 노동법의 규율 대상으로 삼았다는 것이다.212)

따라서 우리나라의 노동법은 균질(均質)의 근로자를 전제로 최저의 근로조건을 법에서 일률적으로 정한 다음(헌법 제32조, 근로기준법, 최저임금법 등), 형벌 및 행정감독을 통하여 담보하고, 한편으로는 노동조합과의 단체교섭을 통하여 근로조건의 유지·향상을 꾀하도록 하는 소위 '집단적 노사자치'를 기본원칙으로 하고 있다(헌법 제33조 및 노조법).

그러나 최근에 들어 산업구조가 변화하고, 노동자 보호의 제도적 수준이 향상하면서, 취업형태 및 근로자의 의식이 다양화되고 개별화되면서 해고분쟁이나 미조직 근로자의 고용관계를 둘러싼 분쟁과 같은 개별적 분쟁이나, 재량근로자나 재택근로자 및 근로자와 자영업자의 중간에 위치하는 소위 '특수고용 종사자' 등과 같이 전통적인 '종속근로'와는 다소 이질적인 업무에 종사하는 자들의 고용문제가 법적으로 다투어지는 경우가 늘어나고 있다.

이처럼 고용환경이 매우 빠른 속도로 변화하고 있음에도 불구하고, 우리나라의 현행 노동법제는 아직도 전통적인 '종속근로' 즉, '생산라인에서 단순근로에 종사하는 정규직 근로자'에게 포커스가 맞추어져 있기 때문에, 위에서 지적한 새로운 변화를 제대로 수용하지 못한 채 현실과의 괴리가 점점 커지고 있는 게 현실이다.213)

그동안 유지해오던 고용관행이나 인사관리제도를 과감히 수정함에 따라 근로조건을 개별적으로 신속하게 결정해야할 필요성이 제기되고

---

212) 김영문(1977), p.203.; 임서정(2013), p.2에서 재인용.
213) 하경효외(2006), p.1.

있으며, 특히 최근에 들어서는 노동조합을 통한 집단적 근로조건결정 시스템이 다소 후퇴하는 양상을 보이면서 고용관계를 규율하는 기준을 보다 명확히 해야 할 필요성이 높아지고 있다. 그럼에도 불구하고, 우리나라에서는 아직도 근로조건의 최저기준을 근로기준법에서 획일적·강행적으로 규율하고, 그 나머지는 몇몇 특별법이나 예측가능성이 낮은 판례에 의존하고 있는 것이 실정이다. 하지만 점점 다양화되고 개별화되고 있는 근로관계를 강행법규인 근로기준법만으로는 대응하기가 곤란하게 되었다.214)

이러한 경우에 대비하여 근로자가 자기결정권을 행사할 수 있도록 법적 제도를 정비할 필요가 있다. 예를 들어 근로자가 자기결정권을 행사함에 있어 어떠한 불이익을 받지 않도록 법규정을 정비하거나, 중요한 근로조건이나 근로환경의 변화(시간외 근로, 파견, 배치전환 등)에 대해서는 근로자의 동의를 구하게 하는 내용을 법제화하는 것은 근로자의 자기결정권을 보호하기 위하여 필요한 조치라고 본다.215) 노동조합 등 동질성을 전제로 한 전통적인 집단주의적 대응 원리를 지양하고, 이질적인 근로자들을 통합적으로 보호할 수 있는 새로운 패러다임이 모색되어야 할 것이다.216)

종래의 고용관행을 대신할만한 시스템이란 과연 어떤 것일까? 예를 들어 근로자가 기간제 근로자로 계속적으로 교체될 경우 기업은 과연 그러한 비정규직 사원에게 기업에 대한 충성심(loyalty)과 기업비밀유지를 요구할 수 있을 것인가? 성과주의에 의하여 근로자간의 경쟁이 심화

---

214) 하경효외(2006), p.2.
215) 하경효외(2006), p.9.
216) 하경효외(2006), p.10.

될 경우, 경쟁에 패한 근로자들의 근로의욕과 개인으로서의 자부심을 어떻게 고취할 수 있을 것인가가 문제로 될 수 있다.[217) 시장경제의 발전과정을 감안해볼 때 신분과 권위를 벗어나 자율적인 계약의 관행들을 확대하는 방법으로 문제를 해결하는 것이 바람직할 것이다.

---

217) 하경효외(2006), p.5.

Ⅴ. 맺음말

　　본 연구는 항만하역노무자들의 노무형태를 전근대적인 사회로부터 현재에 이르기까지의 변천 과정을 분석하였다. 개항 이전의 전근대적 조선에서는 세습적 신분제도를 채택함으로써 열악한 조건의 하역노무의 공급을 해결하였으나 화폐경제와 상업활동이 점차 발전하며 신분제가 붕괴될 때 하역노무는 고용노동의 형태를 띠었다. 개항 이후 일제강점기에는 고용노동의 형태가 지속적으로 발전하였으나 노무자들은 십장으로 불리는 중간관리자에게 신분적으로 예속되는 봉건적 유습이 지속되었다. 이러한 약탈적 고용형태는 해방 이후 민주주의 체제가 정착되며 자유로운 노조활동이 보장될 때 노조가 클로즈드샵을 쟁취하며 나름대로 벗어나는 계기를 마련할 수 있었다.

　　한국전쟁 말기인 1952년에 비로소 노동관련법이 제정되면서 경제사회 전반에 걸쳐 근로조건의 표준적 기준이 마련되기 시작하였다. 그러나 노조활동이 정치권과 연계되어 하수 기간단체로 전락하며 단위노조들의 주도권 다툼이 치열해졌는데, 4·19혁명 이전까지는 노조가 본연의 목표에 충실하지 못했다고 할 수 있다. 5·16 군사정변 이후 전국적인 단일노조 체제가 구축되고 또 노조의 근로자공급사업이 인정되면서 클로즈드샵이 사실상 법적으로 용인되어 하역노조는 근로자 권익보호에 적극 나설 수 있었다. 또한 산업화와 경제개발과정에서 잉여노동력이 상당 부분 해소되며 하역노무자들의 열악한 생활환경도 개선되었다.

그런데 1970년대 이후 경제개발을 통한 수출입 물량이 비약적으로 증가하면서 하역산업은 점차 전통적인 노동집약적 산업에서 대규모 장치산업으로 변모하였다. 대규모의 기계장치가 도입되며 하역업에서는 규모의 경제가 발현되었는데, 하역업은 물류산업이라는 거대한 산업활동의 일부로서 간주되기 시작하였다. 수익성이 보장되는 대규모 장치산업으로 변모하면서 민간투자의 필요성과 당위성이 인정되었다. 그런데 이러한 장치산업은 장기간에 걸쳐 투자회수가 이루어질 수 있기 때문에 장기계약의 안정성이 필요하다. 이에 발맞춰 1970년대 이후 2000년대에 이르기까지 정부는 지정하역회사, 부두운영회사 나아가 민간투자에 의한 항만개발사업자 등 장기계약을 기초로 하는 제도들을 차례로 도입하였다.

하역업이 대규모 장치산업으로 변모하면서 하역노무는 1980년대 이후 본격적으로 상용화의 길을 걷게 되었다. 하역노무는 기능직과 단순노무직으로 구분되면서 기능직은 하역업체에 고용되어 상용직으로서 보호를 받을 수 있게 되었다. 하역업의 기계화로 인해 나타나는 부가가치의 증가는 매우 컸기에 하역업체들은 기계화와 자동화의 이득 중 일부를 하역노무자들을 보호하는 재원으로 활용하였다. 즉 상용화의 과정에서 제외된 일반 하역노무자들도 퇴직금, 산재보험, 국민연금 등의 혜택을 받을 수 있게 된 것이다.

하역노무의 상용화 길이 열리면서 하역업체를 위시한 물류산업계에서는 항만산업의 구조조정을 더욱 거세게 요구할 수 있었다. 특히 1990

년대에 들어와 물류산업의 국가적 중요성이 인정되면서 우리나라가 동북아의 물류거점국가로 도약하기 위해서는 하역노무의 구조조정이 필수적 과제로 등장하였다. 그와 함께 이 시기에는 항운노조의 불법적 비리들이 폭로되면서 언론의 지탄을 받았는데, 항운노조의 순기능에 대한 사회적 의심이 분노와 함께 급속하게 확산되었다. 이제 하역노무자들은 일반적인 임시고용직 근로자들보다 더 열악한 환경에 놓여 있다고 할 수 없게 된 것이다.

하역노무자들의 클로즈드샵 노동조합은 역사적으로 볼 때 가장 열악한 상황의 노무자들을 보호하는 과정에서 자연발생적으로 등장하였지만, 하역노무자들이 하역업체의 상용직으로서 보호받을 수 있는 변화가 나타나면서 노동조합에 대한 비판적 여론이 형성되고 있는 것이다. 다른 한편으로는 1997년 외환위기 이후 고용시장의 변화와 함께 근로자와 사업주 사이의 개별적 관계가 중시되는 방향으로 점진적으로 변화하고 있다. 하역노조인 '항운노조'의 앞으로의 역할과 기능은 어떻게 변화할지 많은 도전에 직면하게 될 것이다. 사회 전체의 관점에서 일용근로자들의 전체 문제를 어떻게 해결할 것인가에 따라 '항운노조'의 위상도 어떻게 변화할지 가늠할 수 있을 것이다.

길광수·고병욱·김은수, 「컨테이너 항만하역산업의 경쟁질서 확립 방안」, 한국해
　　　양수산개발원, 2008.

김수곤, 「내가 본 노동행정」, 『노동행정사: 제1편 총괄』, 노동부, 2006, pp.263~
　　　319.

김승택·조준모·노상헌·문혜연, 「근로자 공급사업 실태조사 및 제도개선 방안」,
　　　연구용역보고서, 고용노동부, 2006.(입수사이트 http://www.moel.go.kr/
　　　info/publicdata/majorpublish/majorPublishList.do)

김영문, 「노동관의 변천과 노동법」, 『한림법학』 6, 한림대학교 법학연구소, 1977.

김용곤, 「조선전기 조군(漕軍): 조운(漕運)과 관련하여」, 『명지사론(明知史論)』, 명
　　　지대학교 출판부, 1983. 12, pp.79~109.

김응식, 「일제하 한국의 항만 노동운동에 관한 연구」, 단국대학교 대학원 박사학위
　　　논문, 1994.

김형배, 『노동법』, 제26판, 박영사, 2018.

＿＿＿, 『항운노조 조합원과 사용자 사이의 법적 관계』, 무지개, 1996.

김형태, 김상렬, 백종실 외, 「항만인력공급체제 개편 백서」, 해양수산부, 2007.

김홍섭, 『항만노무론』, 훈련원교재, 한국항만기술훈련원, 1989.

노동부, 『노동행정사: 제1편 총괄』, 2006a.

＿＿＿, 『노동행정사: 제2편 노동시장정책』, 2006b.

＿＿＿, 『노동행정사: 제3편 근로자보호정책』, 2006c.

＿＿＿, 『노동행정사: 제4편 노사관계정책』, 2006d.

배무기, 「한국노동시장의 구조적 변화」, 『한국경제의 구조적 변화』, 서울대학교
　　　경제연구소, 1982.

백두주, 「항운노조와 항만노사관계」, 『연대와 실천』 1월호, 2005.

서인석, 「거래비용 관점에서 본 한국 기업 내부노동시장의 특성과 전개방향에 관한 연구」, 경영학박사학위논문, 서울대학교 대학원 경영학과, 2013.

선한승·김장호·박승락, 「항만하역산업의 구조조정과 정책과제: 한국항만노동제도에 관한 종합연구」, 전국항운노동조합연맹 용역보고서, 1995.

양상현, 「한말 부두노동자의 존재양태와 노동운동」, 서울대학교 대학원 석사학위논문, 1984.

오가와 유조 저, 김창수·전경숙 역, 감수 김석희, 「인천번창기(仁川繁昌記)」, 「인천 1903」 인천학자료총서 제2권, 인천학연구원, 1903.

옥동석, 「항만공사체제하의 민간자본 활용방식」, 『한국항만경제학회지』 제23집 제1호, 한국항만경제학회, 2007, 3.

_____, 「거래비용 경제학과 공공기관 분류기준」, 한국조세재정연구원, 2012, 12.

유병근, 「부두운영회사제도 활성화 방안에 관한 실증연구」, 경영학석사 학위논문, 한국해양대학교, 2002, 2.

윤성천, 「한국에서의 근로자 파견의 법제화 문제」, 『노동법학』 제6호, 한국노동법학회, 1996, pp.151~157.

윤애림, 「노동조합에 의한 근로자공급사업에 대한 노동법적 재검토」, 『노동법연구』, 서울대 노동법연구회, 2002, pp. 197~243.

이규창, 「한국항만하역노무론 : 조직과 관리를 중심으로」, 일조각, 1974.

이병태, 「최신 노동법」, 중앙경제사, 2002.

이승욱, 「항만근로자의 근로조건 결정」, 한국노동법학회 2002년 하계학술발표회, 2002.

이인근, 「국제물류운송론」, 1994.

임서정, 「근로계약법에 관한 연구: 일본의 사례를 중심으로」, 한국노동연구원, 2013.

인천광역시 역사자료관, 「역주 인천과 인천항」, 『인천역사문화총서』 54, 인천광역시, 2009.

인천항운노동조합, 「인천항변천사」, 인천항운노동조합, 1995.

인천항만공사, 「인천항사」, 인천대학교 인천학연구원 편집, 2008, 7.

전국항운노동조합연맹, 『하역노동운동사: 항운노동조합 111년사』 상권, 동광문화사, 2009상.

전국항운노동조합연맹, 『하역노동운동사: 항운노동조합 111년사』 하권, 동광문화사, 2009하.

조양일·김석수, 「항만상용화 이후 항만 하역노동자의 노동조건 변화: 부산항운노동조합을 중심으로」, 『무역통상학회지』 제14권 제3호, 한국무역통상학회, 2014. 9, pp.119~147.

정봉민, 「우리나라 부두운영회사제 시행의 성과 분석」, 『월간 해양수산』 통권 제234호, 한국해양수산개발원, 2004. 3, pp.47~68.

정필수, 「항만운영효율화를 위한 제도적 개선방안」, 『해운산업연구』 제146호, 해운산업연구원, 1996년 11월호, pp.32~53.

최완기, 「조선전기 조운시고(漕運試考)」, 『백산학보(白山學報)』 20집, 1976.

_____, 「관조(官漕)에서의 사선활동(私船活動): 특히 16세기를 중심으로」, 『사학연구(史學研究)』 28집, 1978.

_____, 「조선전기의 곡물임운고(穀物賃運考)」, 『사총(史叢)』 23집, 1989.

하경효·이철수·박종희·이정·김재훈·김홍영, 「주요국의 근로계약법제에 대한 논의 및 우리나라에의 적용방안 연구」, 연구용역보고서, 노동부, 2006.

한국노동연구원, 「항만하역산업의 구조조정과 정책과제: 한국항만노동제도에 관한 종합연구」, 1995.

한국해양수산개발원, 「전국 항만운영 기본계획 및 합리화 방안 연구」, 1993.

한국항만운송노동연구원, 「항만공사제도와 항만노동」 창립1주년 기념 심포지엄, 한국항만운송노동연구원, 2003.

한국경제60년사 편찬위원회, 『한국경제60년사: 제6권 사회복지·보건편』, 한국개발연구원, 2011.

한정훈, 「조선 전기 '官船漕運制' 연구에 대한 재검토」, 『역사문화연구』 제51집, 2014. 8. 30, pp.3~34.

Coase, Ronald H., "The problem of social cost", Journal of Law and Economics 3(1), 1960, pp.1~44.

_____, 'The nature of the firm', Economica, vol. 4, 1937.

Coase, Ronald H., The Firm, The Market, and the Law, The University of Chicago Press, 1988.

Douma, Sytse and Hein Schreuder, *Economic Approaches to Organizations*, 5th edition, Pearson Education Limited, 2013.

Doeringer, Peter B. and Michael J. Piore, *Internal Labor Markets and Manpower Analysis*, M.E. Sharpe, Inc. New York, 1971.

Smith, Adam, *An Inquiry into the Nature and Causes of the Wealth of Nations*, 1976; 김수행 번역, 「국부론」, 비봉출판사, 2003.

Ménard, C., "The economics of hybrid organizations", *Journal of Institutional and Theoretical Economics*, 2004, pp.345~76.

North, Douglas C. and Robert Paul Thomas, *The Rise of the Western World: A New Economic History*, 1973; 이상호 번역, 「서구세계의 성장: 새로운 경제사」, 자유기업원, 1999.

Williamson, Oliver E., *Markets and Hierarchies*, 1975, The Free Press, 1975.

_____, *The Economic Institutions of Capitalism*, The Free Press, 1985.

_____, "The Lens of Contract: Private Ordering", *The American Economic Review*, May 2002, 92(2), pp.438~443.

_____, "The Theory of the Firm as Governance Structure: From Choice to Contract", *Journal of Economic Perspectives*, Volume 16, Number 3, Summer 2002, pp.171~195.

찾아보기

옥동석

1957년 부산 출신으로 서울대학교 경제학과를 졸업하고 동 대학원에서 경제학 석사 및 박사를 취득하였다. 1987년부터 현재까지 인천대학교 무역학부 교수로 재직 중이며, 2013년부터 2017년 사이에는 한국조세재정연구원, 국가공무원인재개발원의 원장을 역임하였다. 재정학을 전공하여 다수의 논문을 발간하였으며 주요 저서로는 「재정개혁의 목표와 과제(2003년)」, 「재정지표와 재정범위 그리고 중앙은행(2009)」, 「거래비용 경제학과 공공기관(2012년)」, 「권력구조와 예산제도(2015년)」가 있다. 점차 연구의 범위를 확대하여 「한국 어촌사회와 공유자원(인천학연구총서 12)」, 「한국 서해 도서지역 사람들의 생산과 교역(인천학연구총서 21)」을 발간하였고 2016년에는 「주권이란 무엇인가」를 번역 발간하기도 하였다.
(이메일주소: dsoak@naver.com)

인천학연구총서 45

항만하역 고용형태의 변천
신분제, 위계적 권위 그리고 계약

2020년 2월 28일 초판 1쇄
2020년 9월 29일 초판 2쇄

기   획 인천대학교 인천학연구원
지은이 옥동석
펴낸이 김흥국
펴낸곳 보고사

등록 1990년 12월 13일 제6-0429호
주소 경기도 파주시 회동길 337-15
전화 031-955-9797(대표)
        02-922-5120~1(편집), 02-922-2246(영업)
팩스 02-922-6990
메일 kanapub3@naver.com / bogosabooks@naver.com
http://www.bogosabooks.co.kr

ISBN 979-11-5516-965-0 94300
        979-11-5516-336-8 (세트)
ⓒ 옥동석, 2020

정가 16,000원